umario

ANDES ESPACIOS / OUTDOOR
304 / 7,90 €

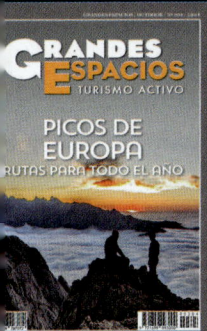

GRANDES
ESPACIOS
TURISMO ACTIVO

PICOS DE
EUROPA
RUTAS PARA TODO EL AÑO

O DE PORTADA
a Collada del Agua, con vistas al
izo Occidental y su sobresaliente
a Santa. Foto: Iván Cuesta.

w.desnivel.com/grandesespacios

TA: Ediciones Desnivel S.L.
an Victorino nº 8 • 28025 Madrid.
913 602 242 • Fax: 913 602 264
ndesespacios@desnivel.com
w.desnivel.com

ctor: DARÍO RODRÍGUEZ.
actora: EVA MARTOS.
ctor de arte: GREGORIO ARRANZ.
licidad: MARÍA ÁNGELES TRUJILLO.
ribución: MARÍA JOSÉ SANTAMARÍA

rime: Nueva Imprenta. Papel ecológico
almente libre de cloro). Distribuye: SGEL.
ósito legal: M-39544-1995
: 1699-093000
N: 978-84-9829-707-2

scripciones
éfono: 91 360 26 20
rario de 9 a 16:00 h).
cripciones@desnivel.com
w.desnivel.com/suscripcion

EN ESTE NÚMERO

UNA RUTA HISTÓRICA
ANILLO DE PICOS

En realidad no es un recorrido único, sino tres propuestas circulares que se pueden iniciar y terminar en distintos puntos, pasando por los nuevo refugios que se encuentran en los Picos de Europa, adaptándolo a nuestras preferencias, disponibilidad y estado de forma. Cualquiera de ellas nos aportará una experiencia inolvidable en uno de los entornos naturales más espectaculares de Europa.

Trekking por los tres macizos

Presentamos algunas de las más bellas rutas de los Picos de Europa a realizar en distintas estaciones. Desde el imprescindible Anillo de Picos
(con sus variantes) a ascensiones a cumbres emblemáticas de los tres macizos, una excursión con raquetas de nieve y otra con esquís de travesía.

En este territorio de la provincia de Castellón –que engloba siete municipios– encontrarás sosiego y naturaleza en estado puro, además de historia, arte, cultura y gastronomía, para ser disfrutadas sin prisas.

La Plana de l'Arc
SORPRESAS Y PLACERES TRANQUILOS

SITUADA entre las montañas y el Mediterráneo, la Plana de l'Arc es un destino lejos del bullicio de las ciudades. Aquí encontrarás desde parques naturales a muestras de arte en museos y al aire libre, desde vías verdes a tradiciones que han llegado hasta nuestros días a través de sus fiestas y una gastronómica excepcional.

Benlloc, Cabanes, Les Coves de Vinromà, La Torre d'en Doménec, Vall d'Alba, Vilafamés y Vilanova d'Alcolea son el corazón de un mundo rural que sigue vivo y ofreciendo su esencia al viajero, lugares que invitan a ser disfrutados con un turismo sostenible.

En La Plana de L'Arc, el arte y el patrimonio artístico tienen un protagonismo especial. Siguiendo el hilo de la historia, encontramos abrigos en el barranco de la Valltorta con representaciones del llamado Arte Rupestre Levantino, que data de hace 6000 años y es Patrimonio de la Humanidad.

También en sus pueblos el arte encuentra múltiples espacios. No hay más que ir a Vilafamés, uno de los 'Pueblos más Bonitos de España', y dejarse llevar por sus calles estrechas y zigzagueantes, rodeadas de murallas, un castillo, palacios e iglesias. Y por si esto fuera poco, acoge también el MAC-VAC, Museo de Arte Contemporáneo Vicente Aguilera Cerni, que alberga alrededor de 700 obras de artistas que son referentes de la vanguardia.

En esta comarca las expresiones artísticas han salido en busca de la naturaleza, lo que ha permitido un binomio impactante entre la Red de Vías Verdes y los diferentes proyectos de arte. En torno a esta red de caminos que conecta diferentes municipios, los paisajes de montaña y de campos de cultivo por los que se adentra dan lugar a estampas llenas de belleza en las que el viajero se va encontrando con diversos proyectos escultóricos.

Y, como en La Plana de l'Arc el arte está en muchos sitios, será en el FAVA365, el Festival de las Artes de Vilanova d'Alcolea, donde los amantes del arte en general podrán disfrutar de un programa

Izquierda, ruinas del antiguo Monasterio del Desierto de las Palmas. Arriba, un sendero en el Prat de Cabanes; una calle de Vilafamés; interior del Museo de Arte Contemporáneo en este mismo municipio; y la playa de Torrenostra, en Torreblanca.

multidisciplinar, con temáticas variadas e intervenciones escénicas, plásticas, visuales y más, que se extiende durante los 365 días del año..

No hay que olvidar que aquí se encuentran el Parque Natural Prat de Cabanes-Torreblanca y el Parque Natural del Desierto de las Palmas. El primero es una estrecha franja costera de terreno de marismas y pantanos que conforman la principal zona húmeda de la provincia de Castellón, incluida en la Lista de Humedales de Importancia. El Desierto de las Palmas en realidad de "desierto" no tiene nada. Al revés, sus laderas montañosas están tapizadas de verde, eso sí, rodeadas de silencio y de paz.

Esta manera de moverse y de estar, tan sostenible y *slow,* a la que invita La Plana de l'Arc, también está presente en su gastronomía, en la que predomina el producto de km 0 y de proximidad. Los frutos de estas tierras fértiles salidos de su agricultura y ganadería tienen un marcado carácter rural, que sus habitantes se resisten a dejar perder. Un carácter que

se refleja en sus platos de cuchara cocinados a fuego lento, como la *olleta* y el *tombet*; en dulces que hacen brillar los turrones y mazapanes artesanos, los pastelitos de boniato o de calabaza; en quesos artesanales de cabra y de oveja curados que han sido premiados; en vinos elaborados en bodegas que combinan tradición y modernidad y con la IGP Vins de Castelló; en aceites de oliva virgen extra, fruto de olivos centenarios; incluso en el carajillo, cuyo sabor único se debe al riguroso proceso de elaboración propio de estas tierras.

SEMANA SANTA

Senderismo y naturaleza en el corazón de la Pasión

La semana de la pasión es una época perfecta para visitar las tierras andaluzas, donde la tradición se vive con intensidad y fervor y la primavera despliega su rostro más bello. Una combinación única que no te puedes perder.

CUANDO llega la Semana Santa, Andalucía se convierte en un vasto escenario de emoción y devoción. Siempre igual pero siempre diferente, cada Domingo de Ramos la región se transforma y resucita la otro domingo, recorriendo el camino que lleva de la muerte a la vida.

Además de su atractivo espiritual y cultural, para las personas apasionadas por el senderismo y la naturaleza, esta festividad ofrece una oportunidad única para disfrutar de los rincones más agrestes y hermosos de Andalucía. La atmósfera vibrante de esta época llena el ambiente y permite conocer sus provincias desde una perspectiva diferente. Las procesiones desbordan las calles de pueblos y ciudades, impregnados de olor a incienso y a azahar, coloridas por las túnicas de los nazarenos y vibrantes por la música de tambores y saetas. Una expe-

EN ANDALUCÍA

Estampa nocturna de Granada, con la majestuosa Alhambra en primer término. A la izquierda, una procesión de la ruta Caminos de Pasión, que pasa por municipios emblemáticos del interior de Andalucía.

riencia que queda lejos pero a la vez cerca de las sierras y montañas, de sus 800 kilómetros de costa y de tantos tesoros naturales de Andalucía, que ofrece un entorno ideal para vivir la esencia de la primavera y de la Semana Santa con sabor propio.

Una época de contrastes

Durante la Semana Santa, las sierras andaluzas se visten de verde y blanco, una estación intermedia entre el frío invierno y el calor del verano, perfecta para la práctica del senderismo. Los caminos atraviesan paisajes inolvidables: desde las cumbres de Sierra Nevada, hasta los pinares y olivos de las Alpu-

De arriba a abajo: el puente romano de Córdoba; senderismo por la sierra de Cádiz; campo de olivos de Jaén y el conjunto arqueológico Baelo Claudia, en la playa de Bolonia (Cádiz). Derecha, la Catedral de Sevilla con su Giralda, y debajo, sabrosas aceitunas jienenses.

jarras, pasando por los bosques mediterráneos del Parque Natural de Cazorla, Segura y las Villas o el Parque Nacional de Doñana, una de las mayores reservas biológicas de Europa. Durante los diversos recorridos, los caminantes pueden cruzarse con los ecos de las procesiones de los pueblos cercanos.

Fiesta Grande en Sevilla

Si hay algún lugar donde la Semana Santa se viva con más intensidad es en la capital sevillana, donde se fusiona arte y espiritualidad, transformando la ciudad en un escenario vibrante de devoción y pasión. Cerca de sesenta cofradías dan vida a la pasión de Cristo, envolviendo a los sevillanos en un profundo sentimiento colectivo..

Los grandes tesoros sevillanos son mundialmente reconocidos, como la Giralda, la Torre del Oro, Triana, la judería... Pero igual de recomendables son las excursiones que ofrecen los pueblos y sierras de la provincia, desde el Cerro del Hierro, las lagunas de Utrera, el corredor Verde del Guadiamar o el parque de Doñana, que comparte con las provincias de Huelva y Cádiz. Impregnarse de su espiritualidad y adentrarse en sus joyas naturales garantiza una experiencia que difícilmente olvidaremos.

Luminosidad y recogimiento en Cádiz

En la provincia de Cádiz encontramos numerosas rutas de senderismo que invitan a recorrer parajes como los Parques Naturales de Grazalema, los Arcornocales, la Breña o el de la Bahía de Cádiz. Aquí, el senderista puede disfrutar de prados verdes, del silencio de los bosques, de las vistas al mar y sus cielos habitualmente radiantes, con cientos de excursiones con punto de partida y llegada en los pueblos entregados a la tradición en plazas y calles.

En la ciudad de Cádiz, rodeada por el mar, las celebraciones de Semana Santa tienen un gran impacto visual, con las calles totalmente engalanadas. Entre las procesiones más emblemáticas están la Veracruz, caracterizada por su sobriedad, o El Nazareno, con su bajada por la calle Jabonería. En la provincia son especialmente relevantes las celebraciones en Jerez, San Fernando, Arcos y Setenil, mientras que los Pueblos Blancos conservan tradiciones centenarias que atraen a numerosos visitantes.

Tambores y humedales en Córdoba

La Semana Santa de Córdoba está marcada por el sonido de cornetas, tambores y el tintineo de las campanillas de los capataces. El recorrido de las cofradías no está ensayado, pero la música, el silencio y las saetas crean un ritmo natural que acompaña la procesión. En la provincia, sobresalen las celebraciones de Lucena, Priego de Córdoba y Puente Genil, reconocidas Fiestas de Interés Turístico Nacional.

Además de visitar la ciudad de Córdoba, Patrimonio de la Humanidad, con su imponente mezquita, la provincia ofrece numerosas alternativas para disfrutar de su riqueza natural, que encontraremos en todo su esplendor en primavera. Desde la subida a la Tiñosa, el pico más alto de la provincia, en el Parque Natural de las Sierras Subbéticas, a las Lagunas del Sur, esta provincia no dejará de cautivarnos.

Espiritualidad en Granada

Si hay un lugar que destaca por su majestuosidad durante la Semana Santa, ese es Sierra Nevada. Los senderos del Parque Natural invitan a adentrarse en un mundo de calma, rodeado de cumbres blancas. Las rutas, como la del Refugio de la Carihuela o la que lleva al Pico Veleta, ofrecen paisajes y vistas de una belleza incomparable. Aquí los senderistas encuentran en este entorno un refugio de paz y conexión con la naturaleza.

En Granada, la Semana Santa tiene una fuerte conexión con la cultura gitana, especialmente en el Sacromonte, donde el paso del Cristo de los Gitanos se acompaña de las tradicionales zambras y hogueras que iluminan la noche. En el Albaicín, la Virgen de la Concha desfila entre estrechas calles empedradas, bajo el inolvidable embrujo de la Alhambra. En la provincia de Granada, cobran especial relevancia la Semana Santa de los municipios

De arriba a abajo: la localidad amurallada de Setenil (Cádiz); el Parque Natural de Cabo de Gata (Almería); senderismo en los bosques de Córdoba y excursión en bici por Ronquillo (Sevilla). Derecha, ciervo en el Parque Nacional de Doñana; y un rico salmorejo.

de Almuñécar y Loja, ambas catalogadas como Fiestas de Interés Turístico Nacional de Andalucía.

Incienso y dulces artesanos en Huelva

Huelva es plena naturaleza, desde Sierra Morena al norte hasta las llanuras y la costa del sur, sin olvidar la sierra de Aracena, Doñana o las marismas en la desembocadura del río Odiel, encontraremos los más ricos olores, sabores y paisajes.

En la capital onubense en Semana Santa estas vivencias se mezclaran con los aromas de incienso y dulces artesanos al paso de las procesiones. Entre sus momentos destacados están las cofradías de la madrugada del Viernes Santo, como El Perdón, Misericordia y El Nazareno, una de las más antiguas. Además, la Semana Santa de Ayamonte está catalogada como Fiesta de Interés Turístico Nacional.

Silencio y solemnidad en Almería

La Semana Santa también tiene un matiz diferente en las áridas tierras de Almería. En el desierto de Tabernas, los caminos de tierra ofrecen una completamente distinta a las montañas verdes de otras partes de Andalucía. También el Parque Natural de Cabo de Gata, con sus paisajes volcánicos y su costa salvaje, ofrece una alternativa perfecta para quienes buscan una Semana Santa lejos del bullicio.

En la capital almeriense, la Semana Santa se distingue por sus procesiones, cuyo origen se remonta al siglo XVI. Destacan los encuentros de hermandades y su importancia musical, con cantos gregorianos y rivalidad entre cofradías. En la provincia, sobresalen las celebraciones de Cuevas de Almanzora y Huércal-Overa, de Interés Turístico Nacional.

Jaén, entre olivos y devoción

Los senderos de Jaén se extienden entre infinitos olivares. Este mar de verdes y grises, que es el alma del aceite de oliva, es perfecto para visitar durante la Semana Santa, conectando lo más profundo de la tradición y la tierra. Uno de los momentos más esperados es la procesión del Jesús Nazareno, cariñosamente llamado El Abuelo, que recorre la ciudad en la madrugada del Viernes Santo acompañado por miles de penitentes. En la provincia, destacan las celebraciones de Úbeda y Baeza, cuyos cascos histó-

ricos, Patrimonio de la Humanidad, proporcionan un marco incomparable para esta tradición .

Fervor y variedad de paisajes en Málaga

Málaga es un destino privilegiado para los amantes del turismo activo, con una diversidad de paisajes que van desde las sierras agrestes a la costa. El Torcal de Antequera con sus "tornillos" de roca, las gargantas de El Chorro con su vertiginoso Caminito del Rey, o las rutas de la Sierra de las Nieves o la Serranía de Ronda son algunos de sus escenarios naturales. En la capital malagueña se viven estas fechas con gran fervor, con celebraciones como el épico traslado del Cautivo el Lunes Santo, o la entrada de La Legión en la ciudad en la "madrugá" del Viernes Santo, en las que se mezcla religiosidad con espectáculo.

Fusión de naturaleza y tradición

Si bien la Semana Santa es la ocasión para unirse a las tradiciones andaluzas, también es una época perfecta practicar el turismo activo y sumergirse en sus maravillas naturales. Además de las rutas de senderismo, el cicloturismo y la bicicleta de montaña son excelentes opciones para recorrer sus parajes naturales más emblemáticos, uniendo pueblos y ciudades sin dejar de disfrutar de la inolvidable gastronomía que caracteriza esta única.

Artículo realizado con la colaboración de la Consejería de Turismo y Andalucía Exterior de la Junta de Andalucía.

Descubre más en: www.andalucia.org

Columbia

INNOVACIÓN AL SERVICIO DE LA AVENTURA

Con más de ocho décadas de historia y cientos de tecnologías propias, Columbia ha transformado la manera en que nos enfrentamos al clima, integrando innovación con tradición, ciencia y diseño para acompañarnos en cada aventura, haga el tiempo que haga.

Tecnologías como Omni-Heat, de aislamiento térmico, o el sistema OutDry, impermeable y transpirable, aportan la protección necesaria con meteorología adversa.

LA HISTORIA DE COLUMBIA comienza en 1938 cuando la familia Boyle, huyendo del régimen nazi en Alemania, se asentó en Portland, Oregón. Aquí decidió empezar una pequeña empresa de sombreros: la Columbia Hat Company. Lo que parecía un modesto negocio local se transformó, con el paso de las décadas, en una de las marcas líderes en equipamiento para actividades al aire libre. A pesar de haberse convertido en una multinacional de referencia, Columbia sigue siendo, a día de hoy, una empresa familiar.

Ese espíritu de superación constante y fidelidad a sus raíces se refleja en su lema: "Está perfecto. Ahora hazlo mejor". Ya no se trata solo de ofrecer ropa resistente, sino de incorporar tecnologías textiles que respondan a las necesidades reales de quienes disfrutan de la naturaleza, ya sea en un paseo por el bosque o en una caminata por las montañas.

Desde su fundación, Columbia ha patentado más de 240 familias de tecnologías propias. Un ejemplo destacado es **Omni-Heat,** una innovación termo-reflectante inspirada en las mantas espaciales utilizadas por la NASA. Su diseño permite conservar el calor corporal sin renunciar a la transpirabilidad, un equilibrio vital para quienes practican actividades al aire libre en climas fríos. Esta tecnología evolucionó en 2021 con la llegada de **Omni-Heat Infinity,** una versión mejorada que maximiza la reflexión del calor gracias a un patrón de puntos dorados en el tejido.

De la montaña a la Luna

Uno de los hitos de Columbia tuvo lugar en el ámbito aeroespacial. En colaboración con la empresa Intuitive Machines, participó en la misión lunar IM-1, integrando su tecnología Omni-Heat Infinity en la nave. Este éxito abrió las puertas a una segunda colaboración, esta vez en la misión IM-2, lanzada en febrero de 2025. En esta ocasión, el módulo de aterrizaje llamado Athena incorporó dos tecnologías clave de Columbia: la ya mencionada Omni-Heat Infinity, para proporcionar aislamiento térmico en las zonas más expuestas al frío espacial, y **Omni-Shade Sun Deflector,** una solución diseñada para reflejar la radiación solar intensa y evitar el sobrecalentamiento en condiciones extremas, tanto en el vacío del espacio como en la superficie lunar.

Innovación para todas las estaciones

Aunque Columbia es reconocida por sus soluciones para el frío, también ha desarrollado un catálogo completo de tecnologías para afrontar el calor, la humedad, la radiación solar y los desafíos de los climas

cálidos. De hecho, para la temporada primavera-verano 2025, ha puesto especial énfasis en tecnologías textiles pensadas para mantener la frescura, la sequedad y el confort, incluso durante las jornadas más calurosas y exigentes.

Una de las apuestas más avanzadas en esta línea es **OutDry™ Extreme,** una tecnología que redefine el concepto de impermeabilidad. A diferencia de los sistemas tradicionales, en los que una capa externa puede empaparse, esta tecnología traslada la membrana impermeable al exterior de la prenda, lo que impide que el agua se acumule y aporta una sensación de ligereza constante.

Por otro lado, la tecnología **Omni-Tech™** combina tres capas para ofrecer una defensa efectiva frente al agua sin comprometer la transpirabilidad. Su sistema incluye una capa de protección contra líquidos, una membrana que bloquea la humedad pero deja escapar el sudor, y un forro interno diseñado para aumentar la absorción y el confort durante el uso prolongado.

En escenarios de alta humedad o actividad física intensa, entra en juego **Omni-Wick™,** una tecnología que se encarga de transferir la humedad desde el cuerpo hacia la superficie del tejido, donde se evapora rápidamente. De esta manera, se evita la sensación pegajosa del sudor y se reducen las probabilidades de sufrir rozaduras.

Para combatir el calor corporal, ha desarrollado la familia de tecnologías **Omni-Freeze™,** pensadas para enfriar activamente al usuario. Lo consiguen mediante la incorporación de unos anillos azules en el tejido que se activan con la humedad y aceleran el enfriamiento por evaporación. Para los climas más extremos, **Omni-Freeze™ Zero Ice** va un paso más allá, ofreciendo un efecto de frescor inmediato incluso antes de sudar, gracias a un tejido que reacciona al contacto con la piel y gestiona la humedad con eficacia.

Otra de las grandes áreas de desarrollo tecnológico de Columbia es la protección solar, un campo en el que han desarrollado **Omni-Shade™ Broad Spectrum,** una protección solar avanzada que bloquea los rayos UVA y UVB gracias a la combinación de fibras, estructuras de tejido y tecnología textil específica. Según la marca, esta protección resulta incluso más eficaz que los protectores solares en las zonas cubiertas por la prenda.

Omni-Shade™ Sun Deflector incluye puntos reflectantes que desvían la luz solar, al tiempo que el tejido sigue bloqueando los rayos nocivos y permite la transpiración. Esta tecnología cuenta con el reco-

Columbia dispone de tecnologías para protegerse del calor, como Omni-Freeze, o de la radiación solar, como Omni-Shade. Sus innovaciones han sido aplicadas en misiones aeroespaciales. Su última apuesta en calzado es el sistema Omni-Max.

nocimiento oficial de la Skin Cancer Foundation, que avala su eficacia para la prevención de enfermedades relacionadas con la exposición solar.

Y como protección contra líquidos y manchas, ha desarrollado **Omni-Shield™.** Gracias a un tratamiento especial de baja tensión superficial, los líquidos simplemente resbalan por la prenda sin adherirse, lo que mejora la durabilidad y facilita el mantenimiento de las prendas.

Tecnología que pisa fuerte

La firma también ha aplicado sus avances al diseño de calzado técnico, especialmente para actividades como el senderismo. Incorpora su tecnología de impermeabilización y transpiración **OutDry™** también en sus botas y zapatillas. Su construcción de una sola pieza evita costuras innecesarias, lo que se traduce en una barrera impermeable más eficiente y un calzado más cómodo y ligero.

La introducción de **Omni-Max™** en 2024 supuso un antes y un después en cuanto a amortiguación y tracción. Este sistema combina una estructura inter-

na estable con una suela flexible que se adapta al terreno y al movimiento natural del pie, mejorando el control y reduciendo el cansancio en trayectos largos. Es un enfoque multifuncional que se adapta tanto a caminatas suaves como a rutas técnicas.

Otra de sus tecnologías de calzado es **Adapt Trax™,** una suela con compuesto especial y un patrón de tracción optimizado para ofrecer un rendimiento óptimo tanto en superficies secas como húmedas. Y para completar la experiencia, ha desarrollado TECHLITE+™, una evolución de su sistema de amortiguación tradicional. Esta tecnología proporciona una pisada más ligera, un mayor retorno de energía y menor compresión con el tiempo, ideal para quienes recorren largas distancias y necesitan un calzado fiable a lo largo del tiempo.

Más información:
www.columbiasportswear.es

UNA RUTA HISTÓRICA

ANILLO DE PICOS

En realidad no es un recorrido único, sino tres propuestas circulares que se pueden iniciar y terminar en distintos puntos, pasando por los nueve refugios que se encuentran en los Picos de Europa, adaptándolo a nuestras preferencias, disponibilidad y estado de forma. Cualquiera de ellas nos aportará una experiencia inolvidable en uno de los entornos naturales más espectaculares de Europa.

TEXTO Y FOTOS: Iván CUESTA

El refugio de Collado Jermoso, a 2064 m,
es un balcón privilegiado sobre el valle de Valdeón,
desde donde se ven los mejores atardeceres
sobre Torre Santa. Inaugurado en 1944, es un punto
de paso obligado para trekkings como el Anillo
de Picos. Detrás, la imponente Torre del Friero.

EL Anillo de Picos es una ruta que recorre los montes Vindios, refugio de la última tribu cántabra que combatió contra las tropas romanas. Esta tribu, conocida como los Vadinienses, se resguardó en los montes de la Cordillera Cantábrica, hoy llamados Picos de Europa. El recorrido recupera algunos de los caminos que utilizaron los Vadinienses para su refugio. Recorrerla ruta permite admirar la magnitud de uno de los itinerarios de montañismo más impresionantes del mundo. Ubicada íntegramente dentro del Parque Nacional de los Picos de Europa, atraviesa los paisajes más espectaculares de Asturias, Cantabria y Castilla y León.

Después de unas dos horas de marcha se llega a la base del contrafuerte sur del Risco del Hospital, la gran torre que forma el extremo oriental del Curavacas. La senda principal entra en el Ca-

No hay espectáculo que se asemeje a una puesta de sol con mar de nubes desde las verdes campas del refugio de Collado Jermoso. Abajo, la silueta de un rebeco se recorta sobre la Torre del Friero.

llejo Grande mientras otras trazas se dirigen al collado del Hospital o de Cabriles.

Toponimia de los Picos de Europa

Atendiendo al origen del nombre "Picos de Europa", es importante distinguir sus dos partes. La primera, Picos, es relativamente reciente, pues se popularizó en el siglo XIX. Hasta entonces, era más común referirse a la zona como Las Peñas de Europa.

En cuanto a la segunda parte, Europa, hay varias teorías sobre su origen. Una de las más conocidas sugiere que los Picos de Europa recibie-

ron este nombre porque eran las primeras tierras del continente visibles para los marinos cuando regresaban de América o de la pesca de ballenas en Terranova, lo que implicaría un origen ajeno a los habitantes locales.

Otra interpretación se basa en la etimología del término Europa. Algunos estudiosos han identificado su origen en términos semíticos que significarían tierras occidentales. De manera similar, el investigador P. Eutimio Martino defiende que el nombre original pudo haber sido Uropa, derivado de las raíces indoeuropeas "ur" y "-apa", que significarían "agua". Según esta hipótesis, un error lingüístico pudo haber transformado "de Uropa" en "de Europa". De no haber ocurrido esta evolución, hoy podría hablarse de los Picos de Uropa, con un significado relacionado con "las peñas de los ríos". Sea cual sea su origen, los Picos de Europa constituyen un tesoro natural e histórico, testimonio de culturas antiguas y escenario de una de las rutas de montañismo más emblemáticas de España.

¿Qué es el Anillo de Picos?

El Anillo de Picos es una ruta circular diseñada para recorrer los tres macizos de los Picos de

Europa: el Macizo Occidental (o del Cornión), Macizo Central (o de los Urrieles) y Macizo Oriental (o de Ándara). El recorrido presenta tres alternativas diferentes, que varían en duración y dificultad: el Anillo Vindio, el Anillo Extrem y el Anillo de los Tres Macizos, siendo el primero el más corto y asequible, y el último el más exigente. A continuación describimos las características principales de cada uno de ellos, con propuestas para recorrerlos en diferentes etapas.

EL ANILLO VINDIO, por el Macizo Occidental

Esta variante, que recorre el Macizo del Cornión, es la más accesible del conjunto de rutas que conforman el Anillo de Picos de Europa, y permite explorar paisajes espectaculares entre montañas, bosques y valles. Desde la garganta del Cares, hasta las zonas más altas a los pies de Peña Santa de Castilla. Ofrece una experiencia inolvidable para los amantes del trekking y la montaña, que podrán experimentar una profunda conexión con la historia y la naturaleza, descubriendo los Picos de Europa en su estado más puro. Un Anillo de contrastes por el gris más espléndido de la roca caliza y el verdor más exuberante del fondo de los valles asturianos.

Tiene una distancia aproximada de 59 km, con un desnivel acumulado de 3900 metros. Suele realizarse en cuatro etapas, aunque algunos excursionistas pueden adaptarlo a más o menos jornadas, según su ritmo y experiencia.

Las cuatro etapas en las que habitualmente se realiza el Anillo Vindio son:

El refugio de Jou de Cabrones (izquierda) es uno de los más aislados de Picos, ubicado en un gran hoyo (jou) glaciar. Arriba, por el hayedo de Vegabaño, que nos muestra los grandes contrastes de esta ruta. Abajo, unos senderistas ante la mole calcárea del Neverón del Urriellu (2559 m).

1ª. De Posada de Valdeón al Refugio Vega de Ario. En esta primera etapa se pasa por Cordiñanes y el pintoresco pueblo de Caín, desde donde el camino se adentra en la garganta del Cares y, a los pocos kilómetros, asciende por la empinada canal de Trea. Las vistas al desfiladero del Cares y las montañas de alrededor son tan bellas que, en cuanto nos demos cuenta, estaremos en lo alto, divisando el refugio de Vega de Ario, donde se pasa la primera noche.

Distancia: 17 km. Horario aprox: 8 h. Desnivel: +1600 m y - 600 m.

2ª. Del refugio Vega de Ario al refugio Vegarredonda. En esta jornada nos dirigimos a los lagos de Covadonga por un bonito sendero de pastores, en el que iremos encontrando "brañas" o conjunto de cabañas que todavía siguen utilizando los últimos pastores de Picos de Europa. En todo el recorrido disfrutaremos de las panorámicas kársticas del Cornión y su paisaje único.

Distancia: 15 km. Horario aprox: 7 h. Desnivel: +700 m y -850 m.

3ª. Del refugio de Vegarredonda al refugio Vegabaño. Esta tercera etapa es la más elevada y agreste del Anillo vindio, llegando hasta los 2100 metros de altitud. Los verdes valles quedan atrás, y el recorrido surca un paisaje lunar, cruzando jous, collados, simas e incluso alguna que otra "trepada" sencilla. Pasaremos por el pequeño refugio de Vega Huerta, a los pies de la gran mole calcárea de Peña Santa. Al final de la jornada, volvemos a descender al valle, adentrándonos en un precioso hayedo que conduce al refugio de Vegabaño.

Distancia: 16 km. Horario aprox: 8 h. Desnivel: +1260 m y -1400 m.

4ª. Refugio Vegabaño a Cordiñanes de Valdeón. Una pequeña subida por el hayedo que rodea al refugio nos conduce a los puertos de Dobres a los pies del pico Jario. Tras cruzar los puertos, comenzamos un descenso por otro hayedo, ya en la vertiente del valle de Valdeón, regresa al punto de partida, en Posada de Valdeón.

Distancia: 11 km. Horario aprox: 5 h. Desnivel: +400 m y -850 m

EL ANILLO EXTREM, por los Macizos Occidental y Central

Esta propuesta es un desafío en toda regla, con un recorrido circular que une los refugios de los macizos del Cornión y de los Urrielles. La majestuosidad de sus paisajes, la inmensidad de sus montañas, los valles verdes y los imponentes desfiladeros harán que te sientas pequeño/a ante su grandeza. Un recorrido exigente para personas con experiencia en montaña, en el que las empinadas cuestas y canales serán recompensadas con los mares

El refugio Vega de Ario desde el interior de la tienda. El teleférico de Fuente Dé (inaugurado en 1966) tiene una longitud de 1450 m y salva un desnivel de 750 m.

de nubes que cubren los valles y emocionantes puestas de sol.

El Anillo Extrem tiene una distancia aproximada de 82 km y un desnivel positivo de 7000 m. Se puede comenzar y finalizar en distintos puntos, así como alargar a más o menos jornadas, para adaptarlo a nuestros intereses, disponibilidad y estado de forma. Los mejores meses para realizarlo son julio, agosto y septiembre.

Propuesta en seis etapas
Aquí os proponemos realizarlo en seis etapas, con inicio y fin en la localidad asturiana de Poncebos y con pernocta en cinco de los nueve refugios que hay en Picos, en concreto en los de Vega

de Ario, Vegarredonda, Vegabaño, Collado Jermoso y Vega de Urriellu:

1ª. De Poncebos al refugio de Vega de Ario. En el inicio se recorre la famosa ruta del Cares, hasta llegar al Puente Bolín. Aquí inicia la exigente canal de Trea, que nos recompensarán con las impresionantes vistas del macizo desde todo lo alto, hasta llegar al cercano refugio de Vega de Ario. *Distancia: 12 km. Horario aprox: 8 h. Desnivel: +1.500 m y - 150 m*

2ª. Del refugio de Vega de Ario al refugio de Vegarredonda. Esta etapa es similar a la segunda etapa del Anillo Vindio, destacando el paso por los lagos de Covadonga.

Recorriendo la majada de Vega de Ario, con picos como el Cuvicente y la Verdilluenga vigilando el camino. Arriba, consultando un mapa en las inmediaciones de Vegabaño; y en el tramo de ferrata de la Brecha de los Cazadores.

Distancia: 15 km. Horario aprox: 7 h. Desnivel: +700 m y -850 m.

3ª. Del refugio Vegarredonda al refugio Vegabaño. También esta etapa coincide con la propuesta anterior, subiendo a la máxima altitud, con los paisajes cambiantes de valles y alta montaña. *Distancia: 16 km. Horario aprox: 8 h. Desnivel: +1260 m y -1400 m.*

4ª. Del refugio Vegabaño al refugio de Collado Jermoso. Tras salir del refugio por una senda que atraviesa un frondoso hayedo, llegamos a los puertos de puertos de Dobres, desde donde se divisa el valle de Valdeón. Pasamos por el pueblo de Cordiñanes, donde comienza la subida al refugio por la Vega de Asotín y Collado Solano. Se llega así al refugio más espectacular de todos los que integran el Anillo de Picos, collado Jermoso, ubicado a 2064 metros de altitud; un balcón privilegiado.

Distancia: 17,5 km. Horario aprox: 10 h. Desnivel: +1450 m y -750 m.

5ª. Del refugio de Collado Jermoso al refugio de Vega Urriellu. Esta etapa pasa por el refugio más alto de Picos, el de Cabaña Verónica (a 2325 m). Se accede a él atravesando las Colladinas y Tiro Casares, atravesando una zona de lapiaces (rocas modeladas por el agua) que parece de otro planeta. Desde Cabaña Verónica el recorrido toma dirección al collado de Horcados Rojos, desde donde se puede contemplar el Picu Urriellu y al fondo la costa asturiana y el mar Cantábrico. Desde aquí se desciende hasta el refugio que se encuentra a los mismos pies del Urriellu.

Distancia: 9 km. Horario aprox: 8 h. Desnivel: +940 m y -1050 m.

6ª. Del refugio de Urriellu a Poncebos. Esta última etapa acumula un gran desnivel, pues desciende desde el punto más alto de todo el recorrido, horcada Arenera (2273 m), hasta el punto de menor elevación, Poncebos (200 m). Atraviesa la brecha de Los Cazadores, donde hay una pequeña trepada equipada con peldaños de vía ferrata y una cadena de ayuda. Tras subir a la horcada Arenera, desciende al refugio Jou de los Cabrones, donde se reponen fuerzas para continuar con el descenso hasta el pueblo de Bulnes. Y sigue la bajada por el canal del Tejo hasta finalizar este gran anillo en el punto de partida. *Distancia: 13 km. Horario aprox: 8 h. Desnivel: +800 m y -2500 m.*

EL ANILLO TRES MACIZOS, la ruta definitiva

Esta es la travesía circular más completa y desafiante dentro del Parque Nacional de los Picos de Europa, que recorre los tres macizos del parque: Occidental, Central y Oriental, proporcionando una experiencia única en uno de los entornos montañosos más espectaculares de España. A lo largo del trayecto, los caminantes se enfrentan a senderos exigentes, pasos técnicos y paisajes de increíble belleza, desde profundas gargantas hasta cumbres que rozan los 2600 metros de altitud. Se atraviesan zonas emblemáticas como el Jou de los Cabrones, la Vega de Urriellu o Collado Jermoso, entre muchas otras.

Es un recorrido de 115 kilómetros en total, con un desnivel positivo de 8500 metros, que presenta

un reto solo apto para personas con experiencia en montaña. Transcurre por los nueve refugios que conforman el Anillo de Picos: Vega de Ario, Vegarredonda, Vegabaño, Collado Jermoso, Cabaña Verónica, Andara, Terenosa, Vega de Urriellu y Jou de los Cabrones. Se suele realizar en entre 8 y 10 jornadas, en función de nuestro estado de forma, preferencias y disponibilidad. Se puede comenzar y acabar en distintos puntos, siendo imprescindible la reserva previa en los refugios.

Una de las opciones que nos parece más recomendable es comenzar en la vertiente cántabra,

subiendo en el teleférico de Fuente Dé, y dividirlo luego en nueve etapas:

1ª. De Fuente Dé al refugio de Ándara. Atravesaremos el puerto de Áliva y la canal de Jidiellu.

2ª. Del refugio de Ándara al refugio de Urriellu. Pasaremos por el pueblo de Sotres y por la base del emblemático Picu.

3ª. Del refugio de Urriellu al refugio de Cabrones. Disfrutaremos de las magníficas vistas a Torrecerredo, la máxima altitud de toda la Cordillera Cantábrica (2650 m).

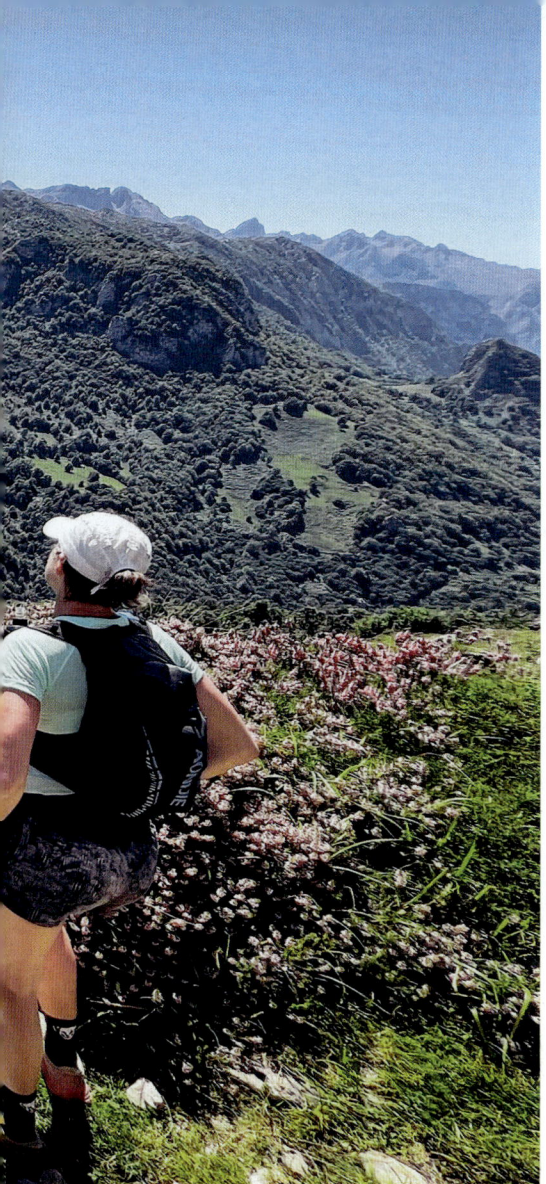

Contemplando las vistas al Parque Nacional de Picos de Europa, donde resalta la silueta del Urriellu, así como los picudos perfiles de Los Albos, el Neverón o Peña Castil, entre otros.

sando un terreno árido de alta montaña, para volver a bajar al valle.

8ª. Refugio Vegabaño al Collado Jermoso. Se atraviesan frondosos bosques de hayas, así como la canal de Asotín y Congosto

9ª. Collado Jermoso a Fuente Dé. Última etapa de subida por Tiro Casares hasta el refugio de Cabaña Verónica y regreso al teleférico.

Hay que tener en cuenta que el Anillo Tres Macizos es una ruta de alta montaña, lo que significa que no está recomendada para principiantes. La combinación de largas jornadas de trekking, desniveles pronunciados y pasos aéreos requiere de una buena preparación física y experiencia previa en montañismo. Ofrece uno de los desafíos más espectaculares para los amantes del senderismo y la montaña en España. Sin duda una experiencia inolvidable para quienes se atreven a completarla.

ANILLO DE PICOS
(9 REFUGIOS)
TIPO DE RUTA: circular
DISTANCIA: 111 km.
DESNIVEL: +7942 m.
ALTITUD MÁXIMA: 2373 m
DIFICULTAD: Muy difícil.
TRACK: https://desni.in/67pjg
WEB: www.elanillodepicos.com

EL ANILLO DE PICOS

4ª. Del refugio de Cabrones a Poncebos. Pasaremos por la meseta de Amuesa y por el pueblo de Bulnes, arraigado en el corazón de los Picos.

5ª. De Poncebos al refugio de Vega de Ario. Recorre parte de la transitada Ruta del Cares y asciende por la Canal de Trea.

6ª. Del refugio de Vega de Ario al refugio de Vegarredonda. Se pasa por los lagos de Covadonga, disfrutando del característico paisaje kárstico del Cornión.

7ª. Del refugio de Vegarredonda al refugio de Vegabaño. Se pasa bajo la Peña Santa, atrave-

RECOMENDACIONES
para realizar el Anillo de Picos

Para completar cualquiera de estas tres travesías de forma segura, se recomienda:

• Realizar un entrenamiento previo en montaña para mejorar resistencia y adaptación al terreno, y acudir a la actividad en buena forma física.

• La época más recomendable para realizar estos recorridos es el verano. No olvidar en el equipo una gorra para protegerse la cabeza, gafas de sol y crema protectora.

• Llevar el equipo adecuado, incluyendo ropa técnica, calzado con buen agarre y testado previamente, así como GPS, mapa y linterna frontal.

• Aunque en los refugios se puede contratar servicio de comidas, es importante llevar comida de ataque suficiente para reponer fuerzas durante la jornadas, así como agua para mantenerse hidratado en todo momento.

• Los refugios suelen disponer de mantas, por lo que un saco-sábana será suficiente para pasar la noche.

• Realizar una planificación meticulosa de la actividad antes de salir de casa, teniendo en cuenta las condiciones climáticas y la disponibilidad de los refugios. No improvisar sobre la marcha.

• Es muy aconsejable contratar los servicios de guías locales para facilitar la logística, planificación y seguridad de las etapas. Los guías saben interpretar y valorar las condiciones tan cambiantes en estas montañas tan particulares. Aportan además un valor adicional interpretando el terreno y explicando detalles sobre su historia, geología, geografía, cultura, etc.

• Es importante recordar que nos encontramos dentro de un Parque Nacional, sujeto a estrictas normas de comportamiento. No está permitida la acampada libre en todo el parque. Prohibido

El sereno paisaje de los Lagos de Covadonga, en el Macizo Occidental. Izquierda, descendiendo de Collada Bonita (Macizo Central), por una enorme pedrera desde donde se tiene una vista única de la Sur del Urriellu.

hacer fuego. Llévate toda la basura, procura dejar la mínima huella posible de tu paso. Respeta la fauna y la flora que habitan en este valioso entorno natural.

• Si llevas perro u otra mascota, ha de ir atado en todo momento. En el recorrido puedes encontrar perros guardas (en general mastines) que se encargan de proteger el ganado de la fauna silvestre. No debes intentar acariciar o dar de comer a estos perros, pues ello podría llevar a modificar su comportamiento y hacer que los mismos pierdan su utilidad.

• Web del Parque Nacional, con información y alertas de seguridad:

www.parquenacionalpicoseuropa.es

VUELTA A PEÑA SANTA CON ESQUÍS

Avanzando por el Camino del Burro
con las primeras luces del día,
vigilados por la pared Sur de Peña
Santa detrás.

Traemos aquí una de las vueltas circulares más recomendables a realizar con esquís de montaña en todos los Picos de Europa, rodeando la mole calcárea de Peña Santa y con ascensión opcional a la Torre del Alba (2390 m). Abril y mayo, con nieve primavera, es la mejor época para realizarla. // Texto y fotos: Borja Ortiz Pereda

ESTA ruta circular se adentra en el Macizo Occidental de los Picos de Europa, que atravesaremos en dos jornadas. El recorrido del primer día va de Norte a Sur, comenzando desde los Lagos de Covadonga hasta el refugio de Vegabaño. Y el segundo día iremos en dirección contararia, de Sur a Norte, aunque por otra ruta diferente a la de la ida, partiendo desde Vegabaño hasta regresar a los Lagos de Covadonga.

La época ideal para realizar esta ruta es la primavera, si bien podemos encontrar el inconveniente que al salir de Pandecarmen seguramente no tengamos nieve y, por tanto, tendremos que portear los esquís hasta el refugio de Vegarredonda (1410 m), lo que suele llevar alrededor de una hora. Una buena idea es ir la noche anterior a dormir a este refugio para ya estar a pie de nieve.

ITINERARIO

• **Primer día:** desde el aparcamiento de Pandecarmen vamos al refugio de Vegarredonda. Pasaremos después por el refugio antiguo y nos encaminaremos al Collado de Les Merines, también llamada la Mazada. Para llegar a la Mazada hay que coger un desvío a la derecha, media hora después del refugio (no irnos a la izquierda al collado de la Fragua, que es por donde volveremos el día después cerrando el circuito). Una vez en el Collado de les Merines (2041 m), hemos de bajar un poco al otro lado, hacia la izquierda, y hacer unos continuos "sube y baja" bajo la Horcada de Santa María y la Torrezuela, hasta ver el Jou las Pozas. Bajar un poco al Jou y continuar a la Horcada de

Pozas (2115 m). Después haremos un pequeño descenso al otro lado, a la Llerona, y subiremos a la izquierda a la base de una aguja muy llamativa, llamada aguja del Corpus Christi (2200 m).

Ahora toca disfrutar en un divertido descenso, aunque corto, en media ladera con tendencia a la izquierda, hasta llegar a Vega Huerta (2020 m), debajo de la Cara Sur de la Peña Santa.

Hasta el punto donde estamos ahora en Vega Huerta tendremos que volver al día siguiente así que, si no somos frioleros y llevamos comida, podríamos quedarnos en el refugio-vivac pequeñito que hay en Vega Huerta y continuar la vuelta a Peña Santa el día siguiente.

De hecho, en los últimos años que he repetido esta travesía, la ausencia de nieve me ha hecho darme aquí la vuelta, con lo que nos saldría un recorrido de 15 km de ida y otros 15 km de vuelta

(en vez de los 25 km de ida y de vuelta que salen en el recorrido completo), siendo por tanto una alternativa que se puede realizar en el día.

Pero, si queremos hacer el recorrido completo, desde Vega Huerta seguiremos en dirección Sur por el Camino del Burro, hasta llegar al Collado del Burro. Una vez en este collado, quitaremos pieles y nos dispondremos a bajar por la Canal del Perro. Esta canal, aunque tiene orientación Sur y suele tener la nieve blanda, hay que tener cuidado de cogerla bien por la izquierda, ya que si vamos recto, encontraremos un peligroso cortado de muchos metros. Es importante informarse previamente del buen estado de esta canal, para la que necesitaremos tener buen nivel de esquí.

Seguiremos entonces el descenso hacia el refugio forestal del Frade y remontamos a un collado que hay enfrente. Alcanzamos el bosque

Es habitual disfrutar de espectaculares mares de nubes que cubren los valles. A la izquierda, llegando a la aguja de Corpus Christi; arriba, gozando del descenso de la Canal del Perro; y abajo, bordeando la Torrezuela, con el pico Requexón detrás.

y bajamos a descansar y dormir en el refugio de Vegabaño (1320 m). En las temporadas con menos innivación, suele ser habitual que, poco después de entrar en el bosque se acabe la nieve y, por tanto, tengamos que portear los esquís en el último tramo.

• **Segundo día:** tras despertarnos en el refugio, al día siguiente hay que volver por el mismo sitio por el bosque hasta el refugio del Frade y remontar la canal del Perro con crampones, porque la nieve seguramente estará dura y tiene bastante pendiente. Probablemente veremos nuestras huellas del día anterior. Subir al collado del Burro y volver sobre nuestros pasos del día anterior hasta el refugio de Vega Huerta.

Una vez en Vega Huerta, quitamos pieles y giramos a la derecha dirección Este en ligero

Vistas desde el lago Ercina invernal con las cumbres, de dcha a izda, de Peña Santa de Enol o Torre de Santa María, Peña Santa y la picuda Torre de Alba en medio de la foto. Abajo, subiendo a esta última, con la Norte de Peña Santa detrás.

Peña Santa (2596 m), el santuario de la cordillera

Peña Santa, también conocida como Torre Santa o, para algunos, Peña Santa de Castilla, es una de las cumbres más imponentes y emblemáticas de los Picos de Europa. Situada en el Macizo Occidental o del Cornión, esta majestuosa montaña se erige como la más alta de su macizo, alcanzando los 2596 metros sobre el nivel del mar. Su silueta domina el paisaje circundante, proyectando su sombra sobre las cimas adyacentes y convirtiéndose en un referente geográfico y visual de la cordillera.

Su relieve abrupto, caracterizado por paredes verticales, canales y aristas afiladas, han convertido esta montaña en un objetivo codiciado para montañeros y escaladores. La historia de sus ascensiones se remonta al 4 de agosto de 1892, cuando los franceses Paul Labrouche y el guía François Bernat Salles, acompañados por Vicente Marcos, conocido como 'Vicentón', de los Llanos de Valdeón, lograron alcanzar su cima. Partieron desde Vega Huerta y, tras remontar la Horcada Alta de los Llambriales, afrontaron la cara norte de la montaña, a la derecha de la actual vía normal de la Canal Estrecha. Años más tarde, Gregorio Pérez 'El Cainejo', quien protagonizaría la primera ascensión al Naranjo de Bulnes con Pedro Pidal (el 5 de agosto de 1904), escaló la Canal Estrecha para verificar si sus predecesores habían alcanzado realmente la cumbre.

El nombre de Peña Santa refleja la tradición histórica y cultural de la región. Hay quien la denomina Peña Santa de Castilla debido a su ubicación en la vertiente leonesa de los Picos de Europa, que en tiempos históricos pertenecía al Reino de Castilla. La montaña ha sido un punto de referencia para pastores y viajeros desde tiempos remotos, y su imponencia ha inspirado numerosas leyendas locales. // **Redacción GE**

descenso. Nos acercamos a la imponente cara Sur de la Peña Santa por la Pedriza Carbanal para, ya con pieles de nuevo listas, ascender a los puertos de Cuba (1950 m), que es un gran collado que tenemos a nuestra izquierda, donde termina la arista de la Peña Santa. Desde los puertos de Cuba realizaremos un precioso descenso hasta el Hoyo Verde (1590 m).

Desde el Hoyo Verde en dirección Norte, subiremos bordeando la canal de Mesones por arriba, pasando debajo de la Pidralengua hasta casi chocarnos con el Pico de la Robliza, que veremos enfrente. Desde aquí, bajamos al Hoyo de la Piedraluenga, para después subir a la Horcada Miguel. En este punto tendremos delante nuestro la Torre del Alba o Torre de los Traviesos. Los más montañeros tienen aquí la opción de subir por su arista Este con crampones, contemplando unas preciosas vistas de la cara Norte de la Peña Santa.

Una vez en la Torre del Alba (2390 m) esquiar en dirección Norte-Oeste, un poco más abajo del camino de verano de las Barrastrosas hasta el Jou Sin Tierri, y remontar a la izquierda al Collado de la Fragua. Cerraremos el circuito esquiando al refugio de Vegarredonda, y ya solo quedaría volver esquiando –o bien andado si es que no hay nieve– hasta el aparcamiento de Pandecarmen.

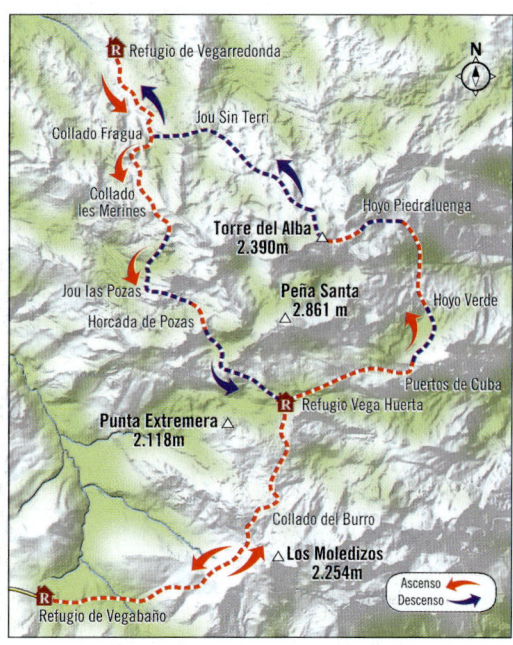

FICHA TÉCNICA

PUNTO DE SALIDA Y LLEGADA: aparcamiento de Pandecarmen (1087 m).
ACCESO: Desde Soto de Cangas, subiremos en coche a los Lagos de Covadonga por la AS-262 y en el Lago de Enol (el primero) cogemos una pista a la derecha de unos 3 Km que nos deja en el aparcamiento de Pandecarmen. **GPS:** 43.260986, -5.009246
DESNIVEL: primer día 1500 m positivo y 1300 m negativo, segundo día 2000 m positivo y 2100 m negativo.
DISTANCIA RECORRIDA: tanto el primer día como el segundo se recorren unos 25 km.
HORARIO: primer día 8-9 horas, segundo día unas 11 horas.
MEJOR ÉPOCA: entre primeros de abril y mayo, evitando el riguroso invierno que hace muy duro y peligroso andar por los Picos de Europa, tanto por el peligro de aludes en nevadas recientes como el riesgo de la nieve dura por la poca fuerza del sol.
REFUGIOS:
• **Refugio de Vegarredonda** (55 plazas): www.refugiovegarredonda.com, y teléfonos: 985 92 29 52 y 626 34 33 66.
• **Refugio de Vegabaño** (35 plazas): www.refugiopicos.com y teléfono: 699 633 244.

TELÉFONOS DE EMERGENCIAS:
• **GREIM** Asturias-Cangas Onis: 985 848 056.
• **GREIM** León-Sabero: 987 718 004.
• **Emergencias:** 112.

La imponente pared Oeste del Picu
Urriellu, de unos 500 metros de altura,
se yergue sobre la Vega de Urriellu,
con el refugio a sus pies.

CIRCULAR AL URRIELLU POR LA CANAL DE DOBRESENGROS

Histórica e imprescindible ruta del Macizo Central que asciende a la base del Urriellu desde Caín, remontando la empinada canal de Dobresengros, con vuelta por Bulnes, Poncebos y la Garganta Del Cares. Aunque se puede hacer en un día, por su dureza se recomienda hacer en dos jornadas, con pernocta en el refugio de la vega de Urriellu. // Texto y fotos: Isidoro Rodríguez Cubillas

EN el atormentado conjunto de los tres macizos de los Picos de Europa, las canales son su santo y seña, pues es la forma de llegar desde el fondo de los valles a lo alto de las montañas, pero para ello tendremos que remontar fuertes desniveles que a menudo exigen un gran esfuerzo y, aunque frecuentemente iremos escoltados por los cordales que nos acompañarán a izquierda y derecha, muchas veces tendremos que orientarnos en algunos tramos para solventar las zonas más complicadas y escarpadas.

La canal de Dobresengros es una de las grandes canales de los Urrieles, como también se conoce al macizo central de los Picos de Europa, y por ella se puede acceder a la cima de Torrecerredo (2650 m), el punto de mayor elevación de estas montañas. También por ella discurre una parte de la dura Ultra Trail conocida como La Travesera, que lleva ya más de una veintena de ediciones.

La hermosura de la canal de Dobresengros nos llevará a la grandeza del Hoyo Grande, rodeado por nada menos que 10 de las 14 cumbres que sobrepasan la cota de los 2600 m de altitud en el conjunto de los Picos de Europa, alcanzando, después de dos mil metros de subida, la horcada de Caín para, luego, acercarnos al impresionante Naranjo de Bulnes, el coloso del Urriellu, prosiguiendo con el interminable descenso a Bulnes por la canal de Camburero y luego a Poncebos por la canal del Texu. Posteriormente, transitaremos plácidamente por la Garganta del Cares mezclados con los turistas hasta llegar finalmente a Caín, el lugar del que hemos salido.

Ruta de la primera femenina al Urriellu

La canal de Dobresengros fue recorrida por María Isabel Pérez Pérez, nieta del célebre Gregorio Pérez Demaría 'el Cainejo', para acercarse al Naranjo de Bulnes o Picu Urriellu, y hacer la primera ascensión a esta montaña el 31 de julio de 1935, convirtiéndose en la primera mujer que conseguía esta hazaña. Por entonces María Isabel tenía 18 años y realizó la ascensión con el guía de Camarmeña Alfonso Martínez 'Fonsu' y con su tío paterno Antonio Pérez. La escalada se sucedió sin contratiempos, y únicamente usaron la cuerda de cáñamo que llevaban en algún tramo para asegurarse, atados a la cintura como se hacía en la época.

Solo una semana después una prima suya, el 6 de agosto, Teófila Gao Pérez, también de Caín, haría la segunda escalada femenina a esta montaña, cuando contaba solo 15 años de edad.

COL. FAMILIA

FOTOS: ISIDORO RODRÍGUEZ

Arriba, las dos primeras ascensionistas del Urriellu: María Isabel Pérez (izquierda) y Teófila Gao. Derecha, ascendiendo la canal de Mesones, con la canal de Arzón (la primera de la derecha), la de Dobresengros y, en lo alto, la cumbre de Torrecerredo.

A la derecha, vivac bajo una gran piedra en Hoyo Grande, que alcanzaremos tras la subida de la canal de Dobresengros, y donde nos rordearán una decena de cumbres por encima de 2600 m de altitud.

FOTOS: ISIDORO RODRÍGUEZ

Ascendió por el mismo lugar acompañada de su padre, Domingo Gao Sadia, y dos vecinos de Bulnes, Rafael Mier y Juan Campillo Noriega. Es el primer ascenso para todos ellos y lo hicieron sin cuerda alguna, pues no disponían de ella. Años después, la propia Teófila nos relataría en Caín su experiencia escalando con alpargatas y faldas y haciendo hincapié en que, cuando era joven, "no había árbol ni piedra que se la resistiera". Ambas escaladas, y su correspondiente descenso, se hicieron con inusitada rapidez siguiendo la conocida como vía del Paso Horizontal de la vertical cara meridional de la montaña. María Isabel se convertiría también, el 3 de agosto de 1940, en la primera mujer en pisar la cumbre más elevada del Cornión: Torre Santa, haciéndolo en esta ocasión con su convecino Bonifacio Sadia, conocido como el Diablo de la Peña, que ya había subido al Picu en 1926.

Pero ¿por qué las dos primeras escaladas al Naranjo fueron protagonizadas por dos mujeres de Caín, pueblo leonés situado en el corazón de los Picos de Europa, cuando éstas tenían otras ocupaciones, como cualquier mujer del ámbito

Torre Cerredo

Torre de la Palanca

Torre Friero

Hoyo Grande

Canal de Dobresengros

rural, completamente alejadas de este deporte? La respuesta está en Margot Moles, una excelente deportista, con notables logros en distintas especialidades deportivas. Como socia de la RSEA Peñalara de Madrid se inició también en el montañismo y en el esquí, y manifestó su deseo de escalar el Naranjo de Bulnes. Seguramente, Fonsu, llevó la noticia a Caín y aquí, donde uno de sus vecinos, que, a la sazón, era abuelo de ambas mujeres, se había hecho famoso por la primera escalada al Naranjo de Bulnes, consideraron una cuestión de honor que la primera mujer tenía que ser de Caín.

ITINERARIO

Dada la longitud, desnivel y dureza de este recorrido circular se puede dividir en dos tramos para hacerlo más tranquilo, pernoctando para ello en el refugio de la vega de Urriellu.

El comienzo se sitúa en el centro de Caín (460 m), donde caminamos por la carretera que va hacia Posada de Valdeón, hacia el sur, cruzando el río Cares por La Puente Grande. Aquí inmediatamente tenemos que tomar a la izquierda la senda que desciende ligeramente entre las cabañas del Puntial, dejando abajo, y más a la izquierda el río Cares y el rehabilitado antiguo

FOTOS: ISIDORO RODRÍGUEZ

Arriba, juego de luces y sombras en la cara Norte del Urriellu. A la derecha y abajo, durante la aproximación al collado de la horcada de Caín (2394 m), también llamado horcada de Arenizas Baja, desde donde veremos asomar el Picu que, aunque parece a tiro de piedra, aún tenemos por delante un buen descenso.

molino, hasta que nos encontramos, algo más adelante, una desviación que va subiendo diagonalmente hacia la derecha, por un camino que discurre por la pedrera.

Más arriba, después de pasar dos franjas herbosas, nada más salir de la segunda, tomaremos una nueva desviación a la derecha en la misma pedrera. La de la izquierda nos llevaría al Canto y luego a la majada de Casiellas. La senda comienza a ganar altura y se adentra en otra zona herbosa.

Después de una revuelta, se orienta hacia la derecha de un pequeño risco, por donde se pasa en busca de un canalón oculto a nuestros ojos.

Comenzamos a subir por el sedo Mabro, siguiendo una atrevida senda con varias revueltas que nos conduce a un alto en el hombro de este cordal. Ya al otro lado, la senda nos lleva a media ladera hacia el SE, ya en la canal de Dobresengros, dejando más abajo, a nuestra izquierda, el arroyo de Casiellas. Llegamos de

esta manera al entronque con el camino que viene, desde la senda del Cares, pasando por el puente y la majada de Casiellas, en el fondo de la canal, y por donde también podríamos haber venido. Continuamos por ella y encontramos, después de una notable subida, la fuente del Torno, que da paso al collado del mismo nombre, situado en una zona rocosa, donde antaño subían los cainejos a dar sal a su ganado.

Siempre hacia el SE, seguiremos subiendo al encuentro con la riega, que cruzaremos por la zona de Las Piperas, y que acompañaremos hasta su origen, debajo de una pared que obstruye el fondo de la canal, que se ha ido encajonando en esta zona.

Tenemos la salida hacia nuestra derecha (SSO) entrando en una pindia canal con vegetación, y una senda nos irá sacando de este an-

gosto paraje. En El Canalón, como se conoce a este tramo, aún se conservan los vestigios de una armadura hecha con troncos del hayedo de Los Quemaos, que se encuentra en este lugar.

Una vez arriba, situados en la parte derecha, según subimos, de la Canal de Dobresengros, continuaremos el largo ascenso con dos opciones: hacia el SSE, o yéndonos ligeramente hacia la izquierda (E), alcanzando así una loma en la que se encuentra la Fuente Fría. En este segundo caso, después de la siguiente loma iremos hacia nuestra derecha, prosiguiendo luego por una sucesión de pequeños hoyos y resaltes rocosos. Estos nos llevarán hasta un corto tramo hacia el este que dará paso al hoyo Grande Bajero.

Pasamos los primeros resaltes rocosos situados a nuestra izquierda, y continuamos hacia el

Tres fases de la construcción del refugio: en sus inicios (1950), arriba en los años 80 y tras la reconstrucción de 1990. Derecha, la aldea de Bulnes al fondo del valle, y subiendo hacia el puente de la Jaya que cruza el Cares.

70 años del refugio de la Vega de Urriellu

El primer refugio en la Vega de Urriellu comenzó a levantarse a expensas de la Real Sociedad Española de Alpinismo Peñalara de Madrid, previa cesión del terreno por parte del ayuntamiento de Cabrales, en noviembre de 1950. Se utilizó la piedra de la misma vega y se portearon las vigas y el cemento desde Puente Poncebos. Uno de los responsables de la obra fue el peñalaro y gran escalador Teógenes Díaz. Tras la prolongación de las obras, finalmente la inauguración oficial se realizó un 5 de agosto de 1954, coincidiendo con el 50 aniversario de la histórica primera ascensión al Picu, por el pastor y guía Gregorio Pérez 'Cainejo' -oriundo de Caín- y el marqués asturiano Pedro Pidal, un 5 de agosto de 1904 por la canal Noroeste. En un principio el refugio se denominó Julián Delgado Úbeda que fue no solo su arquitecto, también una figura relevante en el montañismo nacional, primer presidente de la Federación Española de Montaña. En 1964, la RSEA vendió el refugio a la Federación Española. Además de cambiar su denominación, en los años sucesivos se fue remodelando y ampliando, adaptándose al aumento de visitantes. Especialmente entre 1989 y 1990 se construyó el edificio que se conserva actualmente, con financiación del Consejo Superior de Deportes y del Principado de Asturias. Dese hace más de 30 años está a su cargo el guarda Tomás Fernández, con compañeros como Íñigo Garmilla y Sergio González. Asentado a los pies de la majestuosa cara Oeste del Urriellu, ha sido testigo de incontables historias de escaladores y sigue siendo un paso obligado para las excursiones y escaladas del Macizo Central. // **Redacción GE**

FOTOS: ISIDORO RODRÍGUEZ

ESE para situarnos en la cota 2076 m, entre el hoyo Grande Bajero y el Cimero, más o menos en la línea divisoria entre la Torre Coello (2578 m) y El Picón (2358 m).

Si quisiéramos subir al Torrecerredo (2650 m), tendríamos que subir desde este lugar hacia nuestra izquierda en busca de una canal que, por la vertiente occidental de la Torre Coello (2581 m), nos conducirá a la collada Bermeja (2482 m), paso hacia el jou del Cerredo.

Nosotros seguiremos subiendo, de forma diagonal hacia el este, en busca del marcado collado que se abre más adelante entre la Torre del Tiro del Oso (2578 m) y el más septentrional de los Picos de Arenizas (2594 m), larga arista que viene del Pico Tesorero (2572 m).

Este collado, llamado la horcada de Caín (2394 m), y en algunos mapas horcada de Are-

CAÍN, referente de Valdeón

Situado a tan solo 460 m metros de altitud, en el profundo valle leonés de Valdeón, el pueblo de Caín es punto de partida de numerosas rutas de senderismo, entre las que destaca la archiconocida Ruta del Cares. Su nombre significa, dependiendo de su origen: brotar, surgir, pastizal de cabras, niebla o fuente. Hasta los años 1990, la aldea se dividía en dos núcleos: Caín de Arriba y Caín de Abajo, separados por apenas 150 metros. Sin embargo, en la actualidad Caín de Arriba solo tiene casas vacías, testigo de su pasado. Cuna de personajes como Gregorio Pérez 'Cainejo', tradicionalmente ha sido un pueblo de pastores y montañeses, dedicado a la ganadería y a la producción de queso. Hoy su población fija no supera los 60 habitantes, aunque en el verano es un destino popular y sus alojamientos y restaurantes suelen estar llenos. Entre su arquitectura de piedra, pizarra y teja destaca la pequeña iglesia de Santo Tomás y un molino muy bien conservado.

Otra recomendable visita es al Centro de Visitantes del Parque Nacional de Picos de Europa, que se encuentra en el cercano pueblo de Posada de Valdeón. En él encontraremos una abundante exposición fotográfica, así como paneles descriptivos y proyecciones de muy diversos aspectos del macizo, como su flora, fauna, geología, historia, etnografía o escalada. En Posada de Valdeón también podemos degustar el Queso de Valdeón, un queso azul con denominación de origen. // **GE**

FOTOS: ISIDORO RODRÍGUEZ

Arriba y a la derecha, la estrecha y vertiginosa Canal del Texu, que era único acceso al pueblo de Bulnes desde Poncebos hasta que se construyó el tren cremallera. Abajo, la aldea de Caín al fondo del valle de Valdeón, rodeado por picos como la Torre de Piedralengua (que sobresale a la derecha en la imagen) o el Jultayu.

nizas Baja, nos permitirá ya contemplar el majestuoso Picu Urriellu o Naranjo de Bulnes.

A la izquierda una senda asciende a la horcada don Carlos (2419 m), que dará acceso al jou del Cerredo, pero nosotros descenderemos en dirección NE para llegar al borde izquierdo del jou Sin Tierre y, por la Gargantada (2082 m), alcanzaremos descendiendo el refugio de la vega de Urriellu (1960 m), siempre caminando hacia el Naranjo de Bulnes (2519 m).

Desde el refugio seguiremos siempre hacia el norte, dejando a nuestra derecha el jou Lluengu, y descenderemos por la senda en las pedreras que nos permite perder altura rápidamente hasta llegar a la majada de Camburero 1324 m), en la que, de las cabañas que allí existieron en otra época, solo quedan vestigios.

Cambiamos nuestro rumbo girando a la derecha para ir en busca el jou Baju desde el que nos tenemos que introducir en la estrecha canal de Balcosín que nos conduce a la voluga de Cantusierra y ya, ligeramente a la izquierda llegaremos a Bulnes de Abajo (647 m).

Hasta Bulnes podríamos descender por otro lugar más tranquilo, pero que por ello es más largo. Desde la vega de Urriellu bajaríamos al collado Vallejo en primer lugar y luego al refugio de la Terenosa para llegar más tarde al collado Pandébano (1217 m), desde donde giraríamos hacia el oeste continuando el descenso a Bulnes.

El camino que desde Bulnes desciende a las proximidades de Poncebos por la canal del Texu no tiene ninguna pérdida, y después de cruzar el Cares por el hermoso puente de la Jaya para alcanzar la carretera, tomaremos a la izquierda la senda del Cares que, por la Garganta del mismo nombre, nos llevará finalmente a Caín (460 m), de donde hemos salido al inicio de esta larga ruta.

FICHA PRÁCTICA

TIPO DE RUTA: Circular.
PUNTO DE PARTIDA Y LLEGADA: Caín (460 m).
ACCESO: desde la carretera N-625 que une Riaño con Cangas de Onís, a 18 y 47 km, respectivamente, se toma la desviación (LE-244) que lleva al Valle de Valdeón en otros 13 km. Continuaremos por una estrecha carretera otros 9 km más para llegar a Caín.
DISTANCIA: 30 km, de los que casi 11 se encuentran en el tramo entre Caín y Urriellu, algo más de 8 km hasta Poncebos y otros 11 hasta Caín.
DESNIVEL DE SUBIDA: 3060 m.
Cota más alta: 2394 m en la horcada de Caín.
Cota más baja: 226 m en el puente de la Jaya.
HORARIO: unas 12 h.
DIFICULTAD: poco difícil técnicamente, pero dura por su longitud y desnivel.
REFUGIO DE URRIELLU: En caso de querer pernoctar en el refugio de Urriellu habrá que reservar plaza, pues está muy concurrido en la época veraniega: https://reservarefugios.com/es/reservar. Cuenta con 96 plazas y todo tipo de servicios (comidas, electricidad...).
OBSERVACIONES: Larga excursión que salva uno de los desniveles más importantes del macizo y para la que conviene salir temprano. Hasta finales del mes de junio encontraremos nieve.
TRACK: https://desni.in/vm8qe

CON RAQUETAS DE NIEVE

DE FUENTE DÉ
AL COLLADO
DE HORCADOS ROJOS

Aquí traemos una propuesta que ofrece una perspectiva muy diferente
y mágica de los Picos de Europa vestidos de blanco.
Una travesía con raquetas de nieve por lo alto del Macizo
Central o de los Urrieles, pasando
por el icónico refugio de
Cabaña Verónica.

TEXTO Y FOTOS: IVAN CUÉSTA

Con el manto nevado, los Picos ofrecen
una estampa aún más espectacular;
a la izquierda destaca la característica
cúpula del refugio Cabaña Verónica.

Debajo, llegada del teleférico de Fuente Dé, a 1823 metros de altitud. A la derecha, al inicio de la ruta, atravesando una zona de lagunas glaciares cubiertas de nieve, y debajo, en las inmediaciones del refugio Cabaña Verónica.

CUALQUIER actividad por el Parque Nacional de los Picos de Europa es indiscutiblemente una verdadera obra de arte, de esto no hay duda. Pero si a esto además le sumamos el privilegio de encontrarnos un terreno cubierto por un manto de nieve, que es capaz de borrar cualquier rastro del paso del ser humano a lo largo del tiempo, hará que esta actividad sea capaz de enamorar y crear una adicción difícil de explicar. Tan solo sentirás unas ganas inexplicables de repetir una y otra vez. Ganas de descubrir lugares nuevos y paisajes nevados que ostentan la peculiaridad de que, por mucho que pases por la misma zona, no contemplarás dos veces la misma estampa. Puede ser la actividad más exclusiva de todas las que podrás hacer en la naturaleza, tanto como lo es la nieve y lo caprichoso que pueda ser el tiempo que a veces nos priva por largos periodos de su presencia.

La ruta de raquetas de nieve al refugio de Cabaña Verónica y el collado de Horcados Rojos es una actividad sencilla y no suele presentar complicaciones técnicas. Es apta para principiantes que quieran probar esta experiencia por primera vez, pero, eso sí, se requiere de un mínimo de condición física para salvar los 10 km y 600 m de desnivel positivo, y unas 6 horas que se puede tardar en completar. Además, transcurre por un terreno por el que no estamos acostumbrados a caminar y que puede resultarnos pesado, dependiendo de las condiciones en las que encontremos la nieve por donde discurre esta bonita travesía.

ITINERARIO

Comenzamos la ruta en el Cable, la estación superior del teleférico de Fuente Dé, a unos 1800 m de altitud. Con el material revisado previamente, nos ajustamos las raquetas y bastones a nuestras botas de montaña y a la altura de cada persona. No olvides que la mejor altura del bastón es la que nos permite mantener una postura erguida agarrando el bastón por su empuñadura, y que nuestro brazo y antebrazo tengan una inclinación de 90 grados (en ángulo recto).

Incluso antes de dar los primeros pasos, apreciaremos que estamos en uno de los lugares más bonitos de todo Picos. Desde aquí se pueden ver cumbres como las de Peña Remoña, La Padiorna, el Tesorero o Peña Vieja, que rondan los 2600 m de altura.

En el inicio atravesamos la zona de las lagunas glaciares de Lloroza, normalmente cubiertas de una espesa capa de nieve y hielo que a veces nos sorprenden con formas y colorido diferentes, en función de la época del año y la cantidad de nieve que haya depositada en su superficie. Un lugar estratégico desde el que sacar unas buenas panorámicas y sentir el aire fresco que recorre este paraje tan puro. Hasta aquí el terreno presenta poca o ninguna complicación. Es a partir de este punto donde comienza la subida que, aunque tendida, es mantenida y constante hasta alcanzar la altura del refugio. Es recomendable no ser tentados por el camino de verano que nos marcarán la mayoría de los tracks que encontraremos y que siempre nos lleva por la ladera.

En esta ocasión el terreno más fácil y seguro para transitar es por el fondo del valle, hasta

llegar a la altura del desvío de Peña Vieja y la Canalona. Desde aquí ya divisamos el refugio y nos damos cuenta que lo tenemos más cerca de lo que pensábamos. A continuación viene una pequeña bajada, donde será necesario valorar en el momento acometerla por la zona más propicia, analizando el terreno y las condiciones de la nieve, ya que son muy cambiantes.

Una vez superada, atacamos la última parte de la ruta hasta el collado del desvío entre Cabaña Verónica y Horcados. Antes de llegar al collado, que nos quedará a nuestra derecha, es recomendable pasar primero por el refugio, donde podremos comernos nuestro bocata, que bien seguro nos sabrá a gloria.

Estamos ante el refugio que recorrió medio mundo cuando formaba parte del portaviones americano USS Palau y que, desde el año 1961, forma parte de la historia de los Picos de Europa. Un lugar privilegiado donde contemplamos ya a una altitud de 2325 metros, las cumbres

más altas y escarpadas del macizo. Aquí valoraremos el tiempo que nos pueda suponer llegar al collado de Horcados Rojos y regresar de vuelta al teleférico. La subida nos puede haber llevado bien seguro unas tres horas hasta el refugio. Si queremos llegar al collado, disponemos de una hora para terminar de comernos el bocata, volvernos a calzar nuestras raquetas y llegar al hasta el mismo.

Divisamos el collado a la misma altura del refugio, situado entre la Torre de Horcados Rojos y el Tesoreso, en una orientación Norte, en dirección a donde hemos llegado a Cabaña Verónica. Aunque no está muy lejos y llegar hasta él merece la pena, no debemos de olvidarnos que debemos regresar con un cierto margen de seguridad.

Una vez llegamos al collado de Horcados Rojos nos llama la atención el Picu Urriellu, sobresaliendo entre las demás cumbres, también conocido como Naranjo de Bulnes, mientras que a lo

CARLOS GONZÁLEZ "COBY"

Arriba, las espectaculares vistas desde el collado de Horcados Rojos, con el Urriellu en medio; y en las otras dos imágenes, descendiendo con las raquetas (y en "tobogán" controlado) desde este punto, en una salida de este mismo invierno 2025.

lejos se vislumbra el mar Cantábrico, creando un contraste impresionante entre la roca caliza y el océano. Este es un momento que quedará grabado en tu memoria, una conexión profunda con la naturaleza que solo se puede experimentar en un entorno tan exclusivo como este.

De regreso prestaremos especial atención a la nieve y la técnica para el descenso. Es recomendable encarar la pendiente con confianza, flexionando ligeramente las rodillas para bajar nuestro centro de gravedad, lo que nos hará tener mayor seguridad para acometer la bajada.

Probablemente en el descenso nuestras fuerzas ya estarán mermadas debido al gasto en la subida por un terreno que desacostumbramos a pisar y que durante el regreso terminaremos de agotar. Una vez lleguemos de nuevo a las lagunas de Lloroza, tenemos la opción de utilizar el camino de verano, si es visible, para regresar de forma más cómoda hasta el Cable de Fuente Dé y dar aquí por concluida la actividad.

Cabaña Verónica, de portaviones a refugio

ENCLAVADO a 2325 metros de altitud en el Macizo Central, el refugio Cabaña Verónica es un emblema de los Picos de Europa. Su singular historia comienza en 1961, cuando el ingeniero bilbaíno Conrado Sentíes Domenech, apasionado de estas montañas, concibió la idea de erigir un refugio utilizando una cúpula metálica proveniente de una batería antiaérea del portaviones estadounidense USS Palau. Este buque, construido en 1945 y desguazado en Sestao, Vizcaya, proporcionó la estructura principal del refugio.

El transporte de los materiales presentó un desafío considerable. Inicialmente, se contempló el uso de helicópteros, pero las limitaciones técnicas y los elevados costos llevaron a optar por métodos más tradicionales. Así, 155 bultos, sumando un peso total de 3000 kg, fueron trasladados en camiones hasta Áliva y luego en camionetas hasta la Horcadina de Covarrobres. Desde allí, mulas y porteadores se encargaron de la ardua tarea de llevar los materiales hasta el emplazamiento definitivo, una labor que requirió 15 días de esfuerzo continuo,

La construcción del refugio se llevó a cabo entre el 6 y el 13 de agosto de 1961. Un equipo

FOTOS: CARLOS GONZÁLEZ "COBY"

El refugio, al pie del pico Tesorero, pertenece actualmente a la Federación Cántabra de Deportes de Montaña y Escalada (FCDME) y está abierto todo el año, pero guardado solo desde Semana Santa hasta el mes de octubre.

compuesto por tres trabajadores locales, tres bilbaínos y el propio Conrado Sentíes, junto con un montañero del Club Alpino Tajahierro, se dedicó a ensamblar la estructura sobre una base de argamasa. El 13 de agosto, el refugio fue inaugurado oficialmente, contando con la presencia de Julián Delgado Úbeda, presidente de la Federación Española de Montañismo. En reconocimiento a la dedicación de Sentíes, la cabaña recibió el nombre de su hija mayor, Verónica.

A lo largo de los años, Cabaña Verónica ha sido testigo de diversas mejoras y ha servido como punto de apoyo para innumerables montañeros. Durante 25 años, Mariano Sánchez Madina desempeñó el papel de guarda del refugio, viviendo allí todo el año y asegurando su mantenimiento. En su honor, se colocó una placa conmemorativa en la puerta del refugio.

Hoy en día, el refugio continúa siendo un punto de referencia esencial en los Picos de Europa, punto de partida a cumbres como Peña Vieja, Horcados Rojos, Pico Tesorero o Torre Blanca, entre otras.

Solo tiene 6 plazas de capacidad, que se pueden reservar en el tel: +34 663 516 456, y la web: https://reservarefugios.com/es/refugios/cabana-veronica // **Redacción GE**

RECOMENDACIONES

• Siempre es mejor madrugar y subir en los primeros viajes del teleférico, así tendremos un mayor margen de seguridad y podremos solventar los imprevistos. El horario de apertura del teleférico en invierno es desde las 10 hasta las 17 h de L a V (de 9 a 17 h los S y D). Más información en: https://telefericodefuentede.com

• Es fundamental realizar una buena planificación previa, analizando la previsión meteorológica, el tiempo y nuestro estado físico.

• Material: llevar raquetas y bastones, así como la ropa de abrigo, comida, agua y protector solar. Puede venir bien llevar crampones y piolet por si encontramos terreno muy duro en el que el agarre de las raquetas puede verse mermado.

• La mejor época para realizar esta ruta es desde febrero hasta abril, si bien habrá que tener en cuenta las condiciones de cada invierno.

• Es aconsejable consultar a profesionales que nos asesorarán sobre las condiciones particulares del terreno. Aunque no suele presentar complicaciones técnicas, no debemos olvidar que estamos en invierno en una zona de alta montaña en la que, si surgen complicaciones, podemos pasar de la mejor de las aventuras a la experiencia más traumática. Un buen profesional siempre te recomendará o desaconsejará en función de diversos factores, te proporcionará el material necesario y guiará por las zonas más seguras, marcando los ritmos y pudiendo disfrutar al máximo de este espectacular paisaje nevado. Puedes consultarnos en: **www.kaliza.es**

FICHA TÉCNICA

PUNTO DE PARTIDA Y LLEGADA: estación superior del teleférico de Fuente Dé.
TIPO DE RUTA: de ida y vuelta.
RECORRIDO: 10 km
DESNIVEL: + 578 m.
ALTITUD MÁXIMA: 2347 m
ALTITUD MÍNIMA: 1848 m
TIEMPO APROX: 6,30h.
TRACK: https://desni.in/r6fvq

ASCENSIÓN A LA TORRE DEL LLAMBRIÓN

Con 2642 metros de altitud, la Torre del Llambrión es la segunda cumbre más alta de todo Picos de Europa y la primera de la provincia de León, a la que petenece (por detrás de Torrecerredo, que se encuentra en la frontera entre León y Asturias). // Texto y fotos: PABLO Y QUIQUE

En esta página, ya cerca de la cumbre de la Torre del Llambrión; a la derecha, dos momentos del último tramo de la ruta propuesta, ascendiendo la chimenea final.

SI contamos con experiencia en alpinismo, así como con el material necesario, o bien optamos por contratar a un guía, una recomendable propuesta a realizar en este entorno es la ascensión a la cercana Torre del Llambrión.

Para esta ruta, desde el Cable del teleférico de Fuente Dé, hemos de seguir el mismo recorrido descrito en las páginas anteriores, hasta llegar a la espectacular cúpula de Cabaña Verónica.

Desde aquí comienza la parte más complicada de la ruta, puesto que es una zona muy caótica en la que es muy fácil despistarse. En un primer momento hay que tomar en ligero ascenso dirección NO hasta que empecemos a divisar los Hoyos Sengros (a nuestra izquierda en el sentido de la marcha), que es un enorme y característico hoyo de la zona, el cual tenemos que bordear por su parte derecha, sin sendero marcado. Poco después llegamos a la Collada Blanca, punto en el que hay numerosos vivacs bien pertrechados.

Desde aquí nos toca perder un poco de altura otra vez en dirección NO para después entrar en un profundo y largo hoyo llamado el Hoyo Trasllambrión. Desde aquí toca remontar todo lo largo que es este hoyo sin sendero evidente, pero con bastantes hitos que nos van descubriendo el mejor camino para ascender hasta el paredón que forma la base del pico Llambrión.

Una vez aquí tenemos dos opciones. Una es irnos un poco hacía nuestra derecha para buscar un paso muy marcado en forma de "V", muy característico, llamado Tiro Callejo, para después tomar en dirección Sur una cresta-arista que nos lleva hasta la cima del Llambrión; en esta zona hay un par de pasos de II y de III°.

La segunda opción es una subida más directa y más corta, por una chimenea que en unos pocos metros, superando pasos de III°, nos deja en la arista cimera. Desde la cumbre las vistas 360° son espectaculares.

FICHA TÉCNICA

TIPO DE RUTA: lineal. **RECORRIDO:** 16 km (ida y vuelta desde el Cable de Fuente Dé). **DESNIVEL:** + 900 m. **HORARIO:** entre 8 y 10 h. **DIFICULTAD:** media-alta.

Realizar la ruta en invierno con nieve le aporta un valora añadido de belleza y complejidad, si bien esta ascensión se puede realizar en verano sin nieve, siendo igualmente bella y más sencilla. Para realizarla en invierno necesitaremos material de alpinismo, como arnés, casco, una cuerda para asegurarnos, piolet y crampones.

Esta es una ruta para montañeros/as que estén acostumbrados a las trepadas y a zonas aéreas, sobre todo en la parte final del ascenso a la cima.

Se recomienda la contratación de guías de la zona. Puedes consultarnos en: **www.picostrekking.com**

LUIS MIGUEL L. SORIANO

ASCENSIÓN A LOS PICOS DEL FIERRO
EL TECHO DE ÁNDARA

Este pequeño macizo calcáreo contiene la mayor elevación
del Macizo Oriental de los Picos de Europa: la Morra de Lechugales,
con 2444 m de altitud. En esta ruta te proponemos subir a su
redondeada cima, así como a su vecina Pica del Jierro (2425 m), que nos
regalan inolvidables paisajes del macizo de Ándara.

A la izquierda se distingue la redondeada cima de la Morra de Lechugales, coronada por su característico "moño".

EL origen del nombre "Fierro" que reciben estos picos es incierto. Aunque en la zona existieron explotaciones mineras, no hay evidencia de extracción de hierro en esta montaña. Una teoría sugiere que el nombre proviene de la presencia de un híbrido de la festuca, una planta herbácea común en pastos alpinos. Según relata el botánico Herminio Nava en su libro *Flora y vegetación orófila de los Picos de Europa,* esta planta recibe el nombre popular de jierru debido a la punzante naturaleza de sus hojas, que podrían asemejarse a clavos de hierro.

Más allá de su toponimia, este macizo destaca por contener la máxima cota del Macizo Oriental de los Picos de Europa: la Morra de Lechugales, con 2444 metros de altitud. Aunque esta montaña no recibe los mismos honores que las correspondientes mayores elevaciones de los otros dos macizos (Peña Santa del Macizo Occidental y Torrecerredo del Central y de todo Picos de Europa), su ascensión no debe tomarse a la ligera. El "moño" de su cumbre, presenta un obstáculo técnico con una trepada final en la que se suele utilizar una cuerda como asegura-

A la izquierda, en el centro de la imagen, el Castillo del Grajal (2043 m) y a su izquierda asoma la recta cumbre de la Rasa de la Inagotable (2284 m). Abajo, el Jito de Escarandi, el collado de donde sale tanto la ruta aquí propuesta como otras alternativas para el senderismo.

randi, un paso de montaña situado en la carretera que une Sotres y Tresviso. En este punto, donde si tenemos suerte podemos ver pastar rebecos y caballos semisalvajes en verano, hay un aparcamiento que sirve de punto de partida. Desde aquí, tomamos una pista que avanza hacia el sur, en dirección a la inconfundible silueta de la Pica de Macondiú.

El sendero atraviesa prados alpinos donde en primavera florecen narcisos y gencianas, mientras que en las zonas más sombrías aparecen rodales de brezo y enebro rastrero. La ascensión inicial es moderada, ganando altura con rapidez entre afloramientos de caliza gris. En aproximadamente una hora, alcanzamos el refugio de Ándara (1725 m), antiguo vestigio de la actividad minera de la zona, ahora rehabilitado para el descanso de montañeros.

Desde el refugio, dejamos atrás la pista que rodea la Pica de Macondiú por el norte y seguimos ganando altura en dirección sur. Un camino ancho nos conduce hasta el collado de la Aldea, punto de paso hacia las minas de Mazarrasa, donde aún pueden verse bocaminas y restos de

miento. De este característico relieve viene también su nombre, puesto que los montañeses cántabros usan la palabra «morra» para designar al animal al que se cortan los cuernos, y de ahí se extendió su uso para referirse a una cumbre redondeada como esta.

Ascensión desde el Jito de Escarandi

Existen diversas opciones para alcanzar la cumbre de la Morra de Lechugales, pero la más habitual y completa comienza en el Jito de Esca-

Casetón de Ándara y pasado minero

A mediados del siglo XIX, el macizo de Ándara en Cantabria se convirtió en un importante centro de actividad minera, tras el descubrimiento de ricos yacimientos de calamina. La zona atrajo a numerosas empresas mineras que comenzaron a explorar el terreno, principalmente en busca de mineral de zinc. La fiebre minera fue tal que muchas personas sin experiencia ni recursos se lanzaron a la conquista de concesiones, buscando obtener ganancias rápidas. Sin embargo, solo unos pocos lograron explotar las minas de manera efectiva.

ADOBESTOCK

La mina de Ándara fue una de las más destacadas, no solo por la calidad de su mineral, también por el gran esfuerzo que se dedicó a crear infraestructuras para su extracción. Se construyó un complicado sistema de caminos, como el que unía Ándara con La Hermida, para facilitar el transporte del mineral, que se llevaba en carros de bueyes hasta el embarcadero, desde donde se enviaba por el río Dobra. La creación de estos caminos y de un horno para tostar las calaminas antes de su transporte fue esencial para la viabilidad de las minas.

A pesar de las dificultades, la explotación continuó durante varias décadas. Durante los años posteriores, las minas de Ándara fueron pasando de una empresa a otra, con diferentes intentos de maximizar su rendimiento. En los años 60, la Sociedad Minera de los Picos de Europa asumió la gestión de las minas, concentrándose en la explotación de la mina cercana al casetón de Ándara, un edificio que aún conserva su estructura y que se ha convertido en un refugio para montañeros. Este casetón, testigo de la intensa actividad minera de la zona, ha perdurado, siendo uno de los pocos vestigios de una época que marcó profundamente el paisaje de la región. La minería cesó definitivamente en 1975, dejando una huella aún visible en el entorno.

ADOBESTOCK

Arriba, en el Hoyo del Evengelista, desde el que se accede a la cumbre de la Morra; abajo, con el objetivo aún lejano. A la izquierda, el Casetón de Ándara, antiguo refugio minero, hoy rehabilitado como refugio montañero, y otras huellas de este pasado minero.

edificaciones mineras. Continuamos la ruta bordeando el Pico del Grajal de Abajo por el oeste, hasta alcanzar el collado del Mojón (2008 m), una encrucijada natural entre la cumbre de la Morra y la Rasa de la Inagotable.

Durante todo este último tramo iremos avanzamos por un camino minero que se sostiene en algunos puntos sobre imponentes muros de mampostería, auténticas obras de ingeniería del siglo XIX. A lo largo de la subida, atravesamos varias bocaminas, algunas de ellas protegidas con vallas, mientras que otras permanecen abiertas, por lo que es fundamental avanzar con mucha precaución si no queremos tener una fatal caída. Las águilas reales suelen sobrevolar este entorno, y es frecuente encontrar rastros de zorros en los alrededores.

Si la niebla lo permite, desde el collado del Mojón se pueden contemplar vistas espectaculares de los valles de Liébana extendiéndose hacia el Oeste, mientras que al Este la panorámica revela las crestas calizas de Ándara. Cerca tenemos la Silla del Caballo Cimero y, en el horizonte, veremos asomar la punta de Peña Prieta y su vecino Curavacas.

A nuestra derecha, muy abajo, se divisan los restos del Pozo de Ándara, un antiguo lago que fue uno de los más grandes del macizo de Picos y de todo Cantabria (junto a los lagos de Enol y Ercina), que llegó a tener hasta 15 metros de profundidad. Fue desecado de manera accidental, como consecuencia de las actividades mineras hace más de un siglo. Una voladura en 1911 provocó una grieta por la que se filtró el agua.

Desde el collado del Mojón, el sendero continúa hacia el Sur-Suroeste, atravesando la canal de las Arredondas para llegar al Hoyo del Evangelista, desde donde se llega a la base del bloque

Arriba, trepando en los últimos metros de acceso a la cumbre de la Morra, y en la imagen de la derecha, asoma su moño (con personas en lo alto). Abajo, la picuda cima de Peña Vieja, con los verdes prados de Áliva al fondo.

cimero de la Morra de Lechugales. Sin embargo, durante el invierno y buena parte de la primavera, este tramo suele estar cubierto de neveros inclinados, por lo que si no se dispone de piolet y crampones, es preferible evitarlo. Una alternativa es, desde el mismo collado del Mojón, seguir unos hitos que nos llevan al Grajal de Arriba y escalar un resalte rocoso de unos 30 metros que nos sale al paso. Su apariencia es más intimidante de lo que realmente resulta en la práctica. Sin embargo, la roca en esta zona está bastante descompuesta, por lo que es importante extremar las precauciones. Superado este tramo, la ruta prosigue por la vertiente norte, donde encontramos la Pica del Jierru (2425 m).

Tras deleitarnos en las vistas que ofrece la Pica del Jierru, si las condiciones del terreno lo permiten, podemos dar un paso más y subir a la mole rocosa de la Morra de Lechugales. Veremos que su punto de acceso más asequible se encuentra en una grieta evidente, que presenta un tramo vertical donde normalmente encontraremos instalada una cuerda fija. Este tramo, aunque corto, requiere cierta destreza, por lo que si hay personas sin experiencia en escalada en el grupo, conviene asegurar el ascenso con una cuerda adicional, que hemos de llevar a tal efecto. Una vez superado este paso, el camino hacia la cumbre se vuelve más sencillo, aunque sigue siendo importante avanzar con cautela para evitar desprender piedras que puedan caer sobre quienes suban por detrás.

Al alcanzar la cima de la Morra de Lechugales, la recompensa es inigualable: una panorámica impresionante de los tres macizos de los Picos de Europa, con Torrecerredo dominando el horizonte. En días despejados, se puede incluso divisar el mar Cantábrico en la distancia.

El descenso lo realizaremos volviendo sobre nuestros pasos, extremando la atención en el primer destrepe. Aunque el resto de la ruta no es técnica, hay que tener en cuenta que el recorrido es largo y el desnivel importante, por lo que hay que contar con una buena preparación física.

Sotres y Tresviso, entre Asturias y Cantabria

ADOBESTOCK

El aparcamiento de Jito de Escarandi se encuentra en el punto más alto entre Sotres y Treviso (a 3,5 km del primero y a 8 km del segundo), ambos poblados guardianes de la esencia de los Picos de Europa.

Sotres, perteneciente al concejo asturiano de Cabrales, es el pueblo más alto de los Picos, situado a 1050 metros de altitud, en una posición estratégica entre el Macizo Central y el Macizo Oriental. Es un destino muy apreciado por los senderistas, ya que desde aquí parten rutas emblemáticas como la ascensión al Urriellu o Naranjo de Bulnes. Solo tiene un centenar de habitantes fijos. Sus calles y viviendas son un reflejo de la arquitectura tradicional, con muros de piedra y tejados de teja roja. En sus alrededores se encuentran los Invernales del Tejo o del Texu, un conjunto de pequeñas cabañas pastoriles hechas de piedra, donde se refugiaban los pastores y su ganado. En 2024 Sotres fue galardonado con el premio al Pueblo Ejemplar de Asturias, que otorga la Fundación Princesa de Asturias.

Por su parte, Tresviso es el pueblo más aislado de Cantabria, que solo cuenta con medio centenar de habitantes fijos. No es posible llegar a él en coche desde el resto de su comunidad autónoma. Solo se puede acceder a través de la ruta senderista PR S-107, que parte de Urdón, salvando un desnivel de 825 metros en apenas 6 km. Por carretera se accede desde Sotres, siguiendo la sinuosa CA-1, una ruta de montaña no apta para conductores con vértigo. No es casualidad que el nombre de Tresviso signifique "tras el abismo".

Ambos pueblos, además de ser remansos de tranquilidad y la puerta de entrada a rutas inolvidables por los Picos de Europa, son especialmente conocidos por la producción artesanal de quesos. En Sotres, se puede degustar y adquirir el Queso Cabrales, de sabor fuerte y textura cremosa, mientras que en Tresviso se elabora el famoso queso Picón Bejes-Tresviso, una variedad de queso azul con denominación de origen protegida, que sigue produciéndose de manera tradicional en el pueblo.

ADOBESTOCK

Las vistas durante todo el recorrido son espectaculares. Izquierda, queso Picón de Tresivo y el pueblo de Sotres.

Como siempre, no salir sin consultar las previsiones meteorológicas, ya que las condiciones en la montaña pueden cambiar rápidamente.

Otras alternativas de ascenso

Existen otras opciones para subir a la Morra de Lechugales. Una de ellas es adesde la estación superior del teleférico de Fuente Dé, nos dirigimos al refugio de Áliva y bajaremos por la pista que va a Sotres, recorriendo la loma de la Llomba del Toro. La abandonaremos después para seguir por el evidente canalón de Jierru, que se remonta hasta la horcada del Jierru. Aquí se pasa a la otra vertiente y se sube hacia la izquierda hasta llegar a la parte occidental del bloque cimero de la Morra de Lechugales.

Otra alternativa es ascender por la empinada canal de las Arredondas, partiendo de la localidad de Brez, desde donde se toma una pista en dirección norte. Caminaremos por ella unos dos km, hasta el lugar en que la pista comienza a descender nuevamente hacia Brez, y la abandonaremos dirigiéndonos hacia el Norte-Noroeste cruzando más arriba el arroyo de la Vega para llegar a una campera. El ascenso por una pedrera da acceso a una serie de zig-zags que llevan a la horcada de las Arredondas. Se toma después dirección Sur-Suroeste, hacia el Pico del Grajal de Arriba, desde donde se bordea por el oeste el Hoyo del Evangelista, para llegar por el norte a la base de la Morra.

FICHA TÉCNICA

COMIENZO: aparcamiento Jito de Escarandi (GPS: 43.237071, -4.718910).

TIPO: lineal.

LONGITUD: 17 km (ida y vuelta).

DESNIVEL: +1300 m.

CARTOGRAFÍA: hojas 56-2 y 4 del IGN. 1:25 000.

TRACK: https://desni.in/morralechugales

REFUGIOS: Casetón de Ándara: www.reservarefugios.com/es/refugios/caseton -de-andara y tel: 635 425 228.

MACIZO ORIENTAL

ASCENSIÓN A SAN CARLOS O SAGRADO CORAZÓN

Emblemática y asequible cumbre del macizo de Ándara conocida por la
tradicional romería que se celebra en agosto cada cinco años
y especialmente recomendable por las vistas desde su cumbre: vertiginosas
hacia Liébana y suaves hacia el Cantábrico.

TEXTO Y FOTOS: LAURA FERNÁNDEZ

Disfrutando de la panorámica en
un día despejado en la bajada del pico
San Carlos, de 2212 m de altitud.

STE pico de 2212 metros de altitud se encuentra coronando la canal de San Carlos que cae por la vertiente sur de Picos hacia Liébana y a poca distancia del collado de su mismo nombre. Tiene un pico homónimo en el Macizo Central. Era conocido como San Carlos por los habitantes de Liébana, si bien recibe también el nombre de Sagrado Corazón porque en 1900 se eligió su cima como lugar para colocar una imagen del Sagrado Corazón de Jesús, inspirados por la idea de rendir homenaje religioso desde una cumbre emblemática. La escultura, fabricada en cobre, se instaló sobre un pedestal robusto y orientado hacia Liébana. La inauguración tuvo lugar el 18 de septiembre de ese año con una multitudinaria romería, tras varios días de preparación espiritual. A pesar del difícil acceso y la amenaza de mal tiempo, más de 1500 personas, incluidos ancianos y niños, ascendieron al pico para asistir a la ceremonia. Desde entonces, se estableció celebrar una romería cada diez años, aunque en 1965 pasó a ser cada cinco. En 1995 la celebración estuvo marcada por dos hechos significativos: por un lado, se inauguró una nueva imagen de bronce en sustitución de la original, que había sido dañada por rayos; por otro, la jornada quedó empañada por un trágico accidente en el que fallecieron dos personas.

Hoy, la romería se celebra el primer domingo de agosto de los años terminados en 0 o 5, como una fiesta viva de tradición y fe. Por tanto, este 2025 estamos en año de celebración. Es considerada fiesta de interés turístico regional y es un auténtico espectáculo para religiosos y no religiosos ver esta zona de Picos de Europa normalmente tan tranquila, sumergida en el gentío en este evento.

ITINERARIO

La subida al pico San Carlos se puede realizar desde distintos lugares. El que describimos en estas páginas se realiza desde el aparcamiento del Jito Escarandi. Además de ser la alternativa más suave para esta ascensión, ofrece multitud de posibilidades para acortar y alargar el recorrido. Proponemos a continuación la opción más completa y variada en cuanto al terreno y las vistas.

Desde el aparcamiento tomamos la pista que recorre este macizo minero hasta el refugio del

Arriba, por la pista que sube desde el Jitu hacia el Casetón de Ándara. Izquierda; sendero calizo tras abandonar la pista; y por el camino minero bajo el pico Macondiu, con vistas al Cantábrico y Santander en días claros.

Casetón de Ándara. Poco después de iniciar la ruta (a unos 600 m del Jitu) podemos optar entre dos alternativas: bien ascender por la Canal de las Vacas o bien continuar por la pista principal hasta el refugio. De cualquier manera se ascienden unos 420 metros (más progresivos si se decide tomar la pista).

Tras el Casetón de Ándara, ubicado a 1725 m, dejamos de lado la pista para continuar subiendo por un pequeño sendero de roca caliza. Existen distintos caminos que llegan hasta el collado Trasmacondiú o, si se desea, hasta el antiguo lago glacial de Ándara. Este lago, también llamado Pozo de Ándara, desapareció a principios del siglo pasado, debido a la actividad minera de la zona, y se ubica en la Vega del Redondal.

Hayamos o no hecho la anterior parada, tendremos que seguir subiendo hasta llegar a los pies del pico Macondiu para volcar hacia la cara sur y retomar nuevamente la pista que avanza hacia el San Carlos.

Continuamos hasta las Vegas de Ándara, llanura central de este macizo y, desde aquí, en la fuente de la Escalera, iniciamos nuevamente el ascenso por un sendero zigzagueante hasta los pies del San Carlos. En este sendero se aprecia el trabajo realizado por mineros para subir y bajar carros de la mina. Aun así, la erosión causada por la climatología hacen que algunos tramos vayan desdibujándose. Los mineros realizaron aquí un cuantioso y esforzado trabajo, colocando las piedras una a una.

Tras terminar la pendiente, se alcanza el collado de San Carlos, que permite obtener nuevas vistas hacia el Sur. Aquí se abre ante nuestra mirada el imponente el valle de Liébana como aparecido de la nada. Poco tiene que ver la caída suave del macizo oriental hacia el Cantábrico con lo abrupto de sus paredes verticales en su cara Sur. Sin duda, las vistas que quedan delicadas hacia Sotres y vertiginosas hacia Potes, es lo más destacable al alcanzar la cima.

Tras dejar el collado y la Canal de San Carlos a mano izquierda, quedan pocos metros hasta la cima. Se cruza por debajo del pico ladeando para coronarlo desde la derecha, y luego podremos crestear su lado izquierdo para regresar de nuevo al collado. Este punto, 8 km después de nuestra salida, es la cota más alta de la ruta, con unos 2212 m de altura. Desde aquí tendremos

aún unos 15 kilómetros de recorrido para hacer la vuelta completa.

En cuanto a la cima poco que decir que no nos muestren las vistas. Además de la grandiosa naturaleza, en todo lo alto veremos una escultura del Sagrado Corazón. Este es el lugar donde cada cinco años se realiza la peregrinación en romería el primer domingo de agosto.

Al iniciar el descenso, desde el collado, tendremos que desandar lo andado hasta las Vegas de Ándara. Una vez aquí, seguimos toda la pista minera dejando esta vez el Macondiu a nuestra mano izquierda e iniciamos el camino más pendiente hasta la base del famoso pico.

Se bifurca entonces el camino, a la izquierda para volver al Casetón de Ándara y a la derecha para seguir hasta el Vau los Lobos por una bonita senda que se sumerge en un hayedo. Podemos imaginar el origen de este nombre del valle.

FICHA TÉCNICA

PUNTO DE PARTIDA/LLEGADA: aparcamiento Jitu Escarandi (GPS: 43.237071, -4.718910)
TIPO: circular. **DISTANCIA:** 23 km.
DESNIVEL: +1308, -1308 m.

DIFICULTAD: baja.
HORARIO ESTIMADO: 6 a 7 horas.
ÉPOCA RECOMENDADA: primavera, verano y otoño.
TRACK: https://desni.in/etqud

Descenso por la canal de las vacas, con todo el macizo minero de Ándara de fondo. A la izquierda, en el Vau los Lobos, atravesando el frondoso bosque.

En esta zona, el bosque se adueña del paisaje y seguramente esto propició que se convirtiera en hogar de alguno de nuestros amigos.

Tras 4 kilómetros de bajada, el camino se allana en una curva aguda a la izquierda tras la que llegaremos al Vau los Lobos. Aquí, en la fuente de los Lobos, se divide la pista: a la derecha continúa a la población de Bejes, y nosotros tenemos que ir por la de la izquierda que, después de otros 6 km con ligero ascenso, vuelve al Jitu Escarandi. Para llegar al Jitu solo tendremos que seguir la pista que bordea la majada de la Cerezal. Aproximadamente nos llevará una hora desde aquí hasta alcanzar el punto de partida.

Picos en el camino

Son numerosos los picos con los que se puede adornar esta ruta. En nuestro paso, se podría hacer cima en el Macondiu (1998 m), la opción más técnica del recorrido debido a que presenta varios tramos de trepada para los que se recomienda estar preparado. Junto al San Carlos, también se podría aprovechar la subida y coronar el cercano pico Samelar (2229 m) o la Junciana (2267 m). Este último debe su nombre a la planta de la genciana, frecuente en estos parajes, cuyas flores amarillas pintan los prados alpinos en primavera y sus raíces tienen un uso medicinal por sus propiedades digestivas.

Además, sin duda, el lago de Ándara, y el Vau de los Lobos son puntos imprescindibles del re-

corrido. Las vistas, tanto del mar al norte, como de la entrada, al sur, de Liébana y la montaña palentina son abrumadoras. Caminar hasta el filo austral de Picos de Europa y sumergirse en la misma ruta en los hayedos hasta que el clima alpino se hace con el protagonismo.

Una ruta que presenta multitud de opciones para todos los gustos. Con y sin cumbres, con o sin guías... Pero siempre con buenas vistas y disfrutando del placer que nos aporta la montaña en todas sus formas.

Desde lo alto de Cueto Tejao se pueden disfrutar de inigualables vistas al Macizo Central de Picos que, como en un sueño, sobresale del mar de nubes.

MACIZO ORIENTAL

CRESTERÍA DE VALDOMINGUERO A CUETO TEJAO

El esfuerzo de subir desde Sotres, por la empinada canal de Jidiellu, se verá recompensado por la grandeza del entorno. Una propuesta que incluye la ascensión a dos cumbres y la cresta rocosa que las une, especialmente recomendable para quienes buscan un desafío técnico y paisajes espectaculares.

TEXTO Y FOTOS: FRAN FERNÁNDEZ

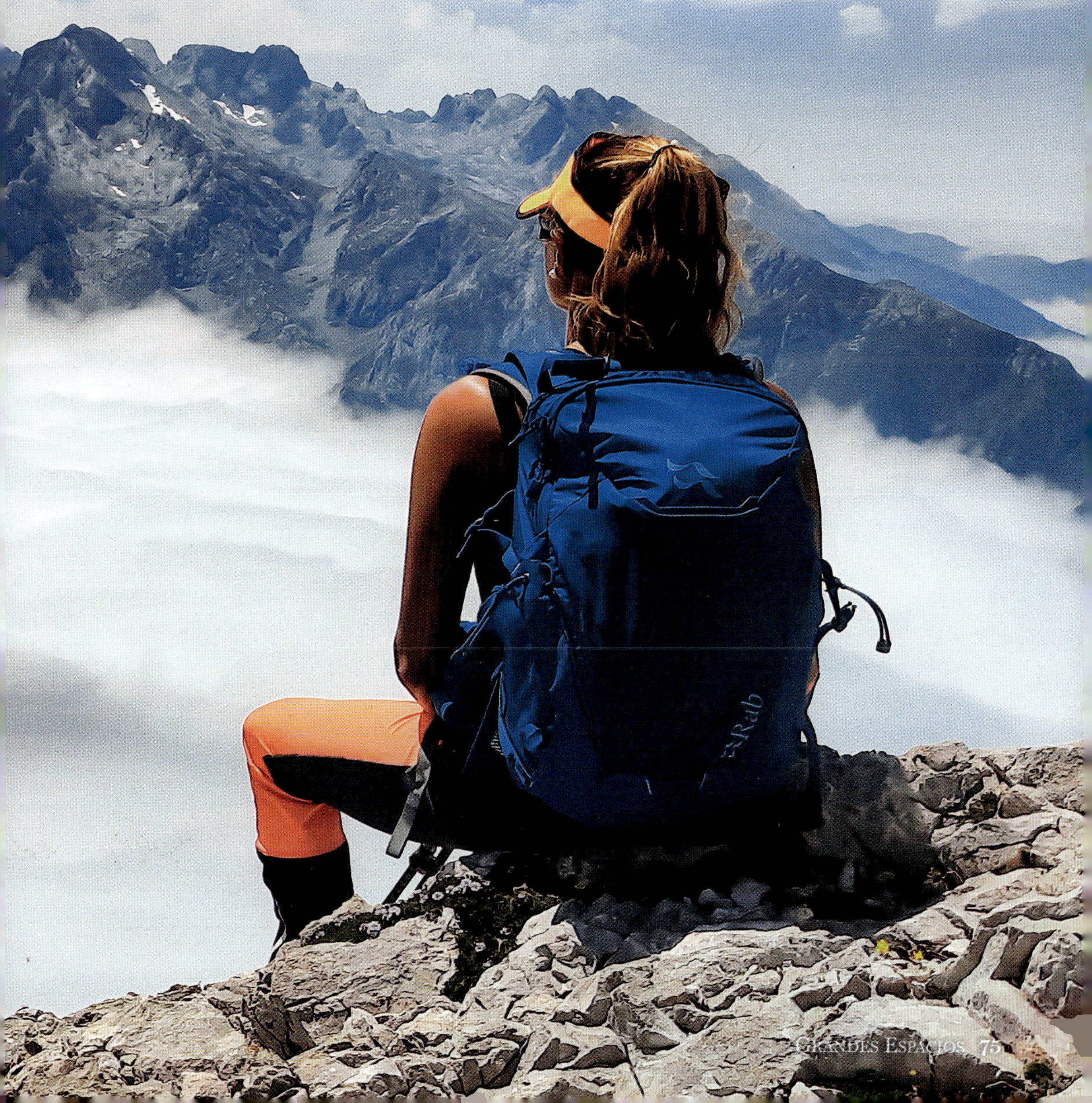

LOS Picos de Europa son uno de los destinos más emblemáticos para los amantes de la montaña en España. Declarado en 1918, es el primer Parque Nacional de España y uno de los más visitados del país. Dentro de este entorno privilegiado, la ruta que conecta el Valdominguero (2265 m) y el Cueto Tejao (2159 m) desde Sotres, pasando por la Canal de Jidiellu, es una de las más bonitas y desafiantes del Macizo Oriental o de Ándara. Aunque este macizo, también llamado de Ándara, es el más pequeño y el menos conocido de los tres que componen los Picos, no por ello es menos espectacular.

La ruta que conecta el Valdominguero y el Cueto Tejao desde Sotres, pasando por la Canal de Jidiellu, es un recorrido exigente pero increíblemente gratificante. A continuación, se detalla cada tramo del itinerario, con especial atención a la subida por la Canal de Jidiellu, el emocionante cresteo entre las cumbres y el descenso final hacia Sotres. Además, se describen las espléndidas vistas que se pueden disfrutar desde las alturas.

ITINERARIO

El punto de partida es el pueblo de Sotres, situado a 1050 metros de altitud. Desde aquí, se toma un sendero que desciende ligeramente hacia el valle del río Duje, en dirección a la Vega de Fresnidiellu. Este tramo inicial es sencillo y permite calentar las piernas mientras se disfruta de un paisaje típico de los Picos de Europa, con praderas verdes, cabañas de pastores y el sonido del agua que fluye por los arroyos.

Tras cruzar el río Duje, el camino comienza a ascender suavemente por la Riega de Onzón, un pequeño arroyo que guía el inicio de la subida hacia la Canal de Jidiellu. Este tramo es una transición hacia el terreno más exigente que se encuentra más adelante.

La Canal de Jidiellu es uno de los tramos más destacados y exigentes de la ruta. Esta canal, en-

cajada entre paredes de roca caliza, ofrece un ascenso constante con un desnivel acumulado de más de 1100 metros. La subida comienza con un sendero bien marcado que serpentea entre praderas alpinas y bloques de roca, ganando altura de forma progresiva.

A medida que se avanza, el terreno se vuelve más empinado y técnico. La vegetación desaparece gradualmente, dando paso a un paisaje de alta montaña dominado por la roca desnuda. En este tramo, es importante mantener un ritmo constante y reservar energías para la parte final de la canal, que es la más exigente.

La última sección de la Canal de Jidiellu incluye una trepada asistida por una cuerda fija,

Avanzando por la cresta de roca que conecta el Valdominguero (2265 m) con el Cueto Tejao (2159 m), el tramo más técnico y exigente, pero también el más emocionante de este recorrido.

que facilita el acceso al Collado Valdominguero. Este paso, aunque no es técnicamente difícil, requiere precaución, especialmente en condiciones de humedad o viento. Una vez superada esta trepada, se alcanza el collado, situado a unos 2000 metros de altitud.

Desde el Collado Valdominguero, las vistas comienzan a ser espectaculares. Hacia el este, se puede observar el valle de Sotres y, en días despejados, incluso el mar Cantábrico. Hacia el oeste, se divisan las cumbres del Macizo Central, con el Naranjo de Bulnes (Picu Urriellu) destacando como su inconfundible perfil.

Desde el Collado Valdominguero, se toma un sendero bien marcado que conduce a la cima del Pico Valdominguero (2265 m). Este tramo, aunque menos exigente que la subida por la canal, requiere un último esfuerzo debido al desnivel acumulado. La senda está hitada (marcada con mojones de piedra) y atraviesa un terreno de roca caliza típico de los Picos de Europa.

Una vez en la cima del Valdominguero, las vistas son simplemente impresionantes. Desde esta altura, se tiene una panorámica de 360 grados que abarca el Macizo Central, el Macizo Oriental y, en días despejados, el Macizo Occidental. Entre los puntos más destacados que se pueden observar están:

• **El Picu Urriellu:** su imponente silueta domina el horizonte hacia el oeste.

Vistas al Macizo Central o Cornión, el más extenso y que alberga cumbres icónicas como Peña Santa (2596 m), y al contiguo Macizo Occidental o de los Urrieles, el más alto y escarpado, con cumbres como el mítico Urriellu (2519 m) o Torrecerredo (2650 m), la cima más alta de los Picos de Europa.

FICHA TÉCNICA

PUNTO DE PARTIDA/LLEGADA: Sotres.
TIPO DE RUTA: Circular.
DISTANCIA: aprox. 13 km
DESNIVEL: + 1370 m. -1.370 m.
ALTITUD MÁXIMA:
2265 m (Pico Valdominguero).
ALTITUD MÍNIMA: 1050 m (Sotres).
HORARIO: entre 7 y 9 horas aprox.
DIFICULTAD: Media-alta.
ÉPOCA RECOMENDADA: primavera, verano y otoño. Evitar invierno por nieve y hielo.
SEÑALIZACIÓN: Senderos hitados.

OBSERVACIONES:
es una crestería con trepadas y destrepes (Nivel II).
Opcional llevar casco para este tramo.
TRACK: https://desni.in/jvfkp

• **Torrecerredo:** la cima más alta de los Picos de Europa, visible al fondo del Macizo Central.
• **El Jou de los Cabrones:** un profundo valle glaciar rodeado de cumbres escarpadas.
• **El valle de Sotres y el Cantábrico:** Hacia el este, se puede ver el verde valle de Sotres y, más allá, el azul del mar Cantábrico.

La crestería

El tramo entre el Valdominguero y el Cueto Tejao es uno de los más emocionantes de la ruta. Esta crestería, que conecta ambas cumbres, combina trepadas y destrepes en un terreno técnico pero accesible para montañeros con experiencia. El recorrido sigue una línea de hitos que marcan el camino a través de la roca caliza.

La cresta incluye varios pasos expuestos que requieren atención y concentración. Aunque no son técnicamente difíciles, es importante mantener la calma y buscar siempre los mejores agarres. En algunos puntos, el terreno se es-

trecha, ofreciendo vistas vertiginosas hacia los valles de ambos lados.

A medida que se avanza por la crestería, las vistas continúan siendo espectaculares. Desde aquí, se puede observar con mayor detalle el Macizo Central, con sus cumbres escarpadas y sus profundos jous (valles glaciares). También se tiene una perspectiva única del Macizo Oriental, con cumbres más suaves pero igualmente impresionantes.

El Cueto Tejao, aunque menos conocido que el Valdominguero, es una cumbre que merece la pena. Desde su cima, se puede disfrutar de una sensación de aislamiento y tranquilidad en plena naturaleza.

El descenso desde el Cueto Tejao se realiza por un itinerario alternativo que pasa por varias majadas tradicionales. Este tramo, aunque menos técnico que la subida, requiere precaución debido al cansancio acumulado y al terreno irregular.

El primer punto destacado del descenso es la Majada de Fuentesoles, un lugar utilizado his-

tóricamente por los pastores para el ganado. Desde aquí, el camino desciende hacia la Majada del Medio, otra majada tradicional rodeada de praderas alpinas.

A medida que se pierde altitud, el paisaje cambia gradualmente. Las rocas calizas dan paso a praderas verdes y, finalmente, a bosques de hayas y robles. Este tramo final es más relajado y permite disfrutar del entorno mientras se regresa al punto de partida en Sotres.

A lo largo de toda la ruta, las vistas son uno de los mayores atractivos. Desde las cumbres del Valdominguero y el Cueto Tejao, se pueden observar algunos de los paisajes más espectaculares de los Picos de Europa, tanto del Macizo Central con sus cumbres escarpadas y sus valles glaciares, como el Oriental con sus cumbres más suaves y sus majadas tradicionales. También podremos admirar el paisaje verde del valle de Sotres, que contrasta con las rocas calizas de las alturas. Esta combinación de paisajes hace que la ruta del Valdominguero al Cueto Tejao sea una experiencia inolvidable para cualquier amante de la montaña. Además, la ruta ofrece la oportunidad de explorar Sotres y otros pueblos cercanos, sumergiéndose en la historia y la cultura de esta región.

Prepárate bien, no olvides consultar el parte meteorológico antes de salir, así como llevar el equipamiento adecuado, incluyendo GPS o mapa con el track, ropa de abrigo y ropa y agua suficiente para la jornada. Respeta el entorno y disfruta de una jornada inolvidable en la montaña. ¡Nos vemos en las cumbres!

Mirador desde el Pico Següencu, dede donde
podemos apreciar los grandes picos de los macizos
Central y Occidental.

- **Mirador del Collado de Llesva y Pico Coriscao** (*Puerto de San Glorio*).
- **Mirador de Santa Catalina y Senda Mitológica** (*Piñeres*).
- **Mirador-Pico de Següencu** (*Cangas de Onís*).
- **Mirador del Fitu y Pico Pienzu** (*Colunga*).
- **Pico Mofrechu** (*Cangas de Onís*).
- **Cruz de Viorna** (*Potes*).

SEIS MIRADORES IMPRESCINDIBLES
LOS GRANDES BALCONES DE PICOS

Traemos aquí seis atalayas que se salen del circuito turístico habitual, que nos permitirán contemplar desde lo alto toda la grandeza de los Picos de Europa, alejados de la masificación. Todas ellas son rutas sencillas y no muy largas, que proponemos completar con visitas a lugares de interés por los alrededores.

TEXTO Y FOTOS: LUIS AURELIO GONZÁLEZ PRIETO, LOLI PALOMARES Y DAVID GONZÁLEZ PALOMARES

EN estos momentos en los que durante algunas épocas, como la Semana Santa, los principales puentes y los meses de julio y agosto, donde la comarca de los Picos de Europa llega al máximo de su carga turística –lo que se conoce con el término francés surturismo– nos parece interesante proponer una serie de lugares fuera de lo habitual. No tienen la fama de otros destinos como pueden ser los Lagos de Covadonga, la Senda del Cares, el Funicular de Bulnes o el Teleférico de Fuente Dé, en los que probablemente los continuos atascos de coches, las colas para coger autobuses o teleféricos y la cantidad de visitantes no van a dejarnos disfrutar plenamente de nuestra estancia en esta comarca. Por ello, las rutas y balcones que aquí os proponemos, al no ser destinos tan conocidos como los ya mencionados, nos pueden proporcionar una estancia mucho más placen-

tera en los Picos durante estas temporadas. Algunos itinerarios incluso se pueden hacer sin tener que recurrir a los vehículos. No obstante, hay que señalar que en momentos de surturismo vamos a encontrar en la zona de Picos vehículos y gente en prácticamente todos los lugares, pero sin llegar a las aglomeraciones de los más famosos, que pueden ser en algún momento agobiante y hasta frustrante.

Os presentamos seis balcones en las inmediaciones de Picos, que nos ofrecerán unos paisajes idílicos, poco vistos y una visión de conjunto de este maravilloso macizo cantábrico muy completa. A la vez que podemos disfrutar plenamente de nuestras vacaciones, sin tener que desperdiciar nuestro preciado tiempo en tediosas colas y esperas.

Los soberbios atardeceres que se pueden disfrutar en los días despejados desde cualquiera

de estos miradores fueron evocados sin igual por el gran pirineísta francés el conde Henri Russell:

«*Es sobre las cimas áridas y solitarias de Asturias donde todas las tardes caen los últimos rayos con que el sol ilumina nuestro continente.*

¡Gloria a estos Pirineos lejanos y misteriosos que así tienen honor de ser los últimos en recibir los postreros adioses del Sol a Europa, como si sintiese por ellos un particular afecto!

¿Será esto lo que los hace enrojecer cuando el Astro Rey los deja?»

Prefacio a la obra de Fontan de Negrín, Aux Picos de Europa, Toulouse, 1909.

1. MIRADOR-PICO DE SEGÜENCU

Un mirador sin igual por su accesibilidad y cercanía a Cangas de Onís para poder apreciar sobre sus cimas las espectaculares puestas de

Vistas desde lo alto del mirador del Fitu, desde donde parte la ruta propuesta al Pico Pienzu, una estupenda atalaya para contemplar tanto las cumbres de Picos como la costa oriental asturiana.

sol sobre los Picos. Proponemos dos alternativas diferentes para llegar a él.

1a. Desde el pueblo de Següencu

Ascensión muy corta y poco desnivel que se realiza por una cómoda pista. Las vistas al atardecer de los Picos de Europa son deslumbrantes.

Acceso: Desde Cangas de Onís tomamos la carretera AS – 114 en dirección a Arenas de Cabrales. Nada más pasar la gasolinera y a la altura del mercado de ganado de Cangas de Onís, sale una carretera a la derecha que nos lleva a los pueblos de Nieda y Següencu. Si contamos con un vehículo tipo suv podemos subir hasta el mirador.

Descripición: Una vez en el pueblo de Següen-cu, donde no hay mucho sitio para dejar aparcado nuestro vehículo, cruzamos el pueblo en dirección sur e inmediatamente llegamos a un cruce. Continuamos por la pista que sale a nuestra derecha (la pista de la izquierda se dirige a los Payares). Después dejamos a nuestra izquierda un ramal que se dirige al Collado de Entrepeñas. La pista comienza a remontar, da dos grandes revueltas y nos encamina a la cima donde se encuentran los repetidores de radio y televisión, así como el Mirador del Pico Següencu. Desde aquí apreciaremos en todo su esplendor las cumbres de los Albos, el Pico de los Cabrones, el Torrecerredo en el macizo Central y los Traviesos, Torre de la Canal Parda, Peña Santa de Enol y Peña Santa en el Occidental. Por debajo de todo el cordal montañoso del macizo Occidental se puede apreciar Covadonga, lugar épico por excelencia, en el que la historia y la religión se unen configurando un episodio mítico que origina la Reconquista. También se divisan los cordales costeros del Sueve, Mofrechu, Cuera y los valles del Sella y Güeña, así como la ciudad de Cangas de Onís.

Tipo de ruta: lineal. Distancia: 5 km (ida y vuelta). Tiempo aprox: 1,30 h. Desnivel: + 190 m. Track: https://desni.in/de76a

ADOBESTOCK

1b. Desde Cangas de Onís

En esta otra alternativa para subir al mirador, se pasa por la Hoya de San Vicente, sin duda uno de los lugares más paradisíacos de los Picos de Europa. La subida desde la Hoya de San Vicente hasta la Pandiella discurre por senderos no muy marcados, por lo que puede tener alguna complicación, aunque la ruta ha sido señalizada.

Descripción: Partimos de Cangas de Onís cruzando el puente medieval sobre el río Sella. Una vez en la margen izquierda del río, continuamos por una carretera vecinal que va en dirección a Avalle, Dego y Soto de Dego. Caminamos unos cincuenta metros por la carretera

y localizamos a nuestra izquierda un sendero que discurrirá a lo largo del río hasta alcanzar el pueblo de Soto de Dego. Continuamos por una pista que va por la misma ribera izquierda del río hasta llegar al pueblo de Avalle.

Proseguimos por la carretera que remonta por la margen del río Sella hasta alcanzar la central eléctrica de Caño, una de las más antiguas de Asturias que todavía se encuentra en funcionamiento, aunque no en su edificio originario. De la parte trasera de la central eléctrica parte un sendero también paralelo al río, muy pronto avistaremos la zona de represa del río conocida como la Salmonera. Estos lugares fueron muy frecuentados para pescar por Franco. Sin salirnos del sendero

Desde el mirador de Següencu (arriba), podemos ver las cumbres de los Albos, el Pico de los Cabrones y el Torrecerredo en el macizo Central. Izquierda, puente medieval sobre el río Sella, en las inmediaciones de Cangas de Onís.

nos lleva hasta una carretera junto al puente que une Santianes con Tornín (Km 4,6). Proseguimos de frente por la carretera hasta alcanzar el pueblo de Santianes. Seguimos por un camino paralelo al río Sella hasta llegar a un puente colgante de pescadores junto a una casa, cruzamos el puente y salimos a la carretera nacional 625. Frente a nosotros hay un restaurante y parte una pista que sale paralela al río Dobra (en este lugar desemboca en el Sella). Llegamos a un puente de arco de piedra, Puente Dobra (Km 5,5) y continuamos por la misma pista, que transita por la margen derecha del río Dobra. La pista cruza el río por un vado. Nosotros cogemos un sendero que, por el mismo lecho del río, prosigue por la misma margen. El sendero discurre entre el frondoso y típico bosque de galería ribereño, cuya vegetación se refleja en el agua dándole un verde muy característico.Poco tiempo después llegamos a una especie de túnel vegetal de avellanos que es la entrada a la Hoya u "Olla" de San Vicente (Km 8,5). Es un pequeño laguito o charca, alimentado por una torrentera, que se encuentra en un sitio paradisíaco. Si queremos y aguantamos la frialdad de sus aguas podemos darnos un refrescante chapuzón.

Una vez que nos hayamos refrescado, si el tiempo lo permite, o disfrutado con el paisaje que nos brinda la fantástica Hoya de San Vicente, retornamos unos metros por el camino que llegamos y tomamos a la derecha, en dirección hacia un prado donde hay una cabaña. Aquí se

El idílico paraje de la Olla de San Vicente, una verde poza en el río Dobra. Abajo, estatua de Don Pelayo en Cangas de Onís, considerado el primer monarca del reino de Asturias e impulsor de la Reconquista.

ADOBESTOCK

ADOBESTOCK

aprecia un camino por el que seguimos hasta alcanzar un pequeño arroyo, La Vara, que no cruzamos. Viraremos a la izquierda (N) por un sendero que cruza entre los restos tapiados de un antiguo camino, hacia el bosque de Valdimiera. Este sendero se encuentra marcado con señales de un PR CO 5 (Pequeño Recorrido Cangas de Onís Nº 5). Como el recorrido está diseñado de Cangas de Onís hasta la Hoya de San Vicente, muchas veces no apreciaremos las señales que están dispuestas para ser vistas en sentido contrario al que nosotros llevamos.

El camino discurre un buen trecho al lado de un arroyo seco hasta que alcanza un camino transversal, que cogeremos a la izquierda (Oeste). Este camino pasa entre dos cabañas, la de la izquierda

medio derruida, y desemboca en un pequeño prado muy inclinado que debemos de tomar por la parte de arriba. Pronto enlazaremos con otro camino transversal, al pie de un castaño centenario, por el que seguiremos a la izquierda (Oeste) y que más tarde girará hacia el Norte. Encontramos una magnífica zona de castaños centenarios con retorcidas formas, a la salida existe un cartel indicador, en dirección contraria, del PR. El bosque aquí deja paso a unos prados, desde donde se divisa perfectamente el pueblo de Vis y la última parte de la etapa anterior. Llegamos a un lugar donde se encuentra otro indicador de PR y una cuadra en ruinas, La Pandiella (Km 10,5).

Aquí comienza una pista de concentración parcelaria que nos llevará hasta el collado de Entrepeñas (Km 11,3). En él hay otro indicador de PR, que pone a la Olla de San Vicente y una señal de prohibido circular excepto para uso ganadero. Continuamos por la pista que pasa por unos prados y al lado de una cabaña restaurada, dando vista al pico mirador de Següenco, que se divisa al fondo. Sin abandonar la pista llegamos a un cruce muy cerca del pueblo de Següenco, que no se ve, con una cuadra a la derecha y un indicador que dice al Mirador. Tomando la dirección a la izquierda por una muy buena pista ascendemos hasta el Mirador de Següenco (Km. 13,5; altura 750).

Descendemos por una arista en dirección Norte hasta enlazar con una pista (Km 14), por la que continuaremos a la izquierda hasta llegar a la Vega

Arriba, en el Alto del Fitu, al que se puede acceder en vehículo; y a la derecha, la senda que parte de este mirador hacia el Pico Pienzu. Abajo, el campanario de Santa María de la Asunción, en Cangas de Onís.

Uñañes. Proseguiremos bajando hasta llegar al collado de Uñañes, desde donde se ve el pueblo de Nieda. Continuando de frente pronto llegaremos a una fuerte pendiente, en la que la pista está hormigonada, y al área recreativa del Llano del Cura. Este es un buen balcón para contemplar la ciudad –título que le otorgó el rey Alfonso XIII en 1907- de Cangas de Onís. Seguimos por la carretera, pero rápidamente la abandonamos para coger por una pista terrosa a la derecha, por la que acortamos el camino. De nuevo en la carretera pasamos junto al cementerio y después al lado de la antigua Iglesia Parroquial de Cangas de Onís, hoy en día transformada en Aula de la Monarquía Asturiana con escaso contenido. Seguimos nuestro descenso ya por las calles de Cangas de Onís, la antigua capital del reino Astur. En Cangas de Onís podemos

aprovechar para ver la iglesia de Nuestra Señora de la Asunción con su campanario de tres pisos y la escultura de Don Pelayo delante; así como la capilla de la Santa Cruz, en cuyo interior hay un dolmen prehistórico.

*Tipo de ruta: circular. **Distancia:** 17 Km. **Tiempo aprox:** 6,30 h. **Desnivel:** + 672 m. **Track:** https://desni.in/4g7by*

2. MIRADOR DEL FITU Y PICO PIENZU

Recorrido no muy largo y sin gran desnivel, todo por senderos. La parte más dura es la ascensión final a la cumbre del Pienzu.

Acceso: del centro de la localidad de Arriondas parte la carretera AS260, en dirección a Colunga y el Mirador del Fitu.

Descripción: En el Alto del Mirador del Fitu o Collado de la Cruz de Llames estacionaremos nuestro vehículo (GPS aparcamiento: 43.439083, -5.193222). Si en el mismísimo puerto no hay sitio podemos descender un poco hasta otro parking que hay más abajo por la vertiente norte, dirección Colunga. En la parte alta del puerto parte hacia el oeste, a la izquierda según venimos de Arriondas, un sendero muy marcado que describe algunos zig zags. Una vez hemos remontado las primeras pendientes veremos a nuestra derecha el Cantábrico y las costas de Colunga, mien-

tras que a nuestra izquierda se divisa en la cima de una loma rocosa, Piedra Redonda, la otrora cabaña de la guardería forestal, hoy abandonada.

El sendero recorre los restos de un pequeño bosquecillo de pinos de repoblación. Luego transita por la majada del Amor, para a continuación bordear por su ladera norte el Canto la Teya. No tardaremos en llegar a la amplia vega del Bustacu (Km 3,5). Las cabañas con las que contaban esta vega en la actualidad están en ruinas. A esta majada también se puede acceder cómodamente por una pista forestal desde el cercano pueblo de Cofiño. Seguimos el marcado sendero que primero remonta hacia el norte en dirección a la ladera meridional del Pico de Les Duernes, fácilmente identificable porque cuenta con una antena de telefonía, para seguidamente girar en dirección oeste y alcanzar la majada de Beluenzu (Km 5).

Desde aquí comenzamos a remontar por la ladera meridional del Pico Pienzu hasta alcanzar su

Derecha, cruz en la cima del Pienzu, y abajo, mapa indicativo al inicio de esta ruta. A la derecha, abajo, escultura de un piolet en la cima del Mofrecho; y en la otra página, en el descenso de esta montaña, que brinda una de las más espléndidas vistas de los tres macizos de los Picos de Europa.

cima coronada con una gran cruz metálica (km 6; altura 1158). Este pico no solamente es una magnífico balcón para contemplar los majestuosos Picos de Europa, de lo que podemos apreciar las cumbres más significativas de los tres macizos, sino que es una estupenda atalaya para contemplar la costa oriental asturiana. Una vez de regreso al Collado la Cruz de Llames, no dejéis de subir al Mirador del Fitu a echar una última ojeada al maravilloso paisaje que nos brinda este lugar del Sella. Este mirador fue construido en 1927 a iniciativa de Dr. Antonio Pérez Pimentel y diseñado por el ingeniero José María Sánchez.

La ruta la podemos completar con un descenso por la carretera en dirección a Colunga, para posteriormente dirigirnos a la playa de la Griega. En las rocas de esta playa podemos apreciar las huellas milenarias de los Dinosaurios. El día lo podemos concluir dando un paseo por el encantador puerto y pueblo pesquero de Lastres, el cual sirvió como localización para el rodaje de la serie televisiva El Doctor Mateo.

Tipo de ruta: lineal. Distancia: 12 km (ida y vuelta). Tiempo aprox: 4 horas y 30'. Desnivel: + 560 m. Track: https://desni.in/udpqr

3. PICO MOFRECHU

Ruta corta y con muy poco desnivel de subida. Discurre toda por una buena pista, salvo la ascensión última a la cima que se realiza por un sendero sin dificultad.

La vistas de los tres macizos de los Picos de Europa, destacando el Pico Uriellu así como de la ría de Ribadesella son excepcionales.

Accesos: Desde Cangas de Onís hay que ir hacia el pueblo de Corao, después a Labra y continuar hacia Igena. Un poco después de pasar este pueblo de Igena y tras realizar la carretera una pronunciada curva alcanzamos el Collado de Igena (GPS: 43.393306, -5.010000), donde buscaremos un lugar para aparcar sin molestar.

Descripción: En el Collado de Igena sale a nuestra izquierda una pista ganadera que está prohibida a la circulación de todos los vehículos excepto los propiamente ganaderos. Empezamos por esta pista y pronto pasamos al lado de las cabañas de Entrellendes. Después la pista se dirige a media ladera de la loma de la Felguerina, pasa por la Braña de Huexes (Km 2,8), para remontar hasta el Collado de La Felguerina.

Una vez pasado el collado no tardaremos en llegar a la Majada del Puerto de Cuana (Km 3,5). En medio de la vega hay una peña recordando al infortunado guarda rural Juan Rubén López Cueto, fallecido en accidente laboral en la Sierra de Cuera el 3 de mayo de 2006. Continuamos por la pista, que se pone muy pendiente, luego

llegamos a una finca cercada con piedra y en la que hay una pequeña cabaña. Aquí comenzamos a ascender por el lugar que consideremos más cómodo de la ladera meridional hasta alcanzar la cima del Pico Mofrechu (Km 4,8; altura 898).

Al oeste divisaremos la Cruz del Pienzu, la cumbre más sobresaliente de la Sierra del Sueve; al norte la ría del Ribadesella y la rasa costera; al este la gran masa calcárea del Benzúa, y al sureste podremos contemplar una de las más espléndidas vistas de los tres macizos de los Picos de Europa.

De regreso a Cangas de Onís, podemos entrar en el pueblo de Corao para visitar su castañedo, donde tienen lugar en marzo y mayo las ferias ganaderas más importantes de los Picos de Europa. Justo frente al castañedo, se encuentra uno de los pocos bares-tiendas auténticos que existen y que antaño había en casi todos los pueblos del entorno, Bar-Tienda Gelot. Allí todavía podemos tomar algo escuchando las conversaciones de los pastores de Picos contando sus andanzas.

También podemos acercarnos en coche a la cercana iglesia románica de Abamia. Allí estuvieron enterrados los restos de Don Pelayo, primer rey del reino Astur, y de su esposa, antes de ser trasladados a Covadonga. La iglesia, como la mayoría de las rurales de Asturias, está flanqueada por un gran Tejo, considerado el árbol sagrado de los primeros astures.

Tipo de ruta: lineal. Distancia: 9,6 km (ida y vuelta). Tiempo aprox: 3,30 h. Desnivel: 435 m. Track: https://desni.in/3ckhj

ARCHIVO GE

Para llegar al recomendable mirador de Santa Catalina (derecha) podemos optar por recorrer la Senda Mitológica, donde nos saldrán al paso las más variadas figuras de la mitología cántabra.

4. MIRADOR DE SANTA CATALINA

El mirador es un voladizo metálico que nos ofrece fantásticas vista de la gran entalladura que realiza el río Deva en el Desfiladero de la Hermida, y desde donde también avistamos las cumbres más orientales del macizo de Ándara. Es una excursión ideal para realizarla con niños, ya que podemos acceder al mirador siguiendo una original Senda Mitológica en la que irán descubriendo las esculturas de personajes y animales mitológicos que salpican el bosque del Monte Hozarco.

Acceso: se puede llegar en coche al mismo mirador (GPS: 43.240944, -4.573000) si bien solo hay espacio para estacionar unos cinco coches. Es más recomendable dejar el coche en el aparcamiento La Picota o Ermita de Santa Catalina (parking de pago), al inicio de la Senda Mitológica, entre los pueblos de Piñeres y Cicera.

Descripción: La Senda Mitológica se inicia en el aparcamiento y está muy bien señalizada. Está salpicada de esculturas que retratan personajes de la mitología cántabra, como el *Arquetu*, un anciano que daba consejos para que la gente no malgaste su dinero; el *Musgosu*, personaje bondadoso que avisa de cuando llegan las tormentas; la *Guajona*, una bruja que llega a chupar la sangre; el *Cuélebre*, el animal mitológico de toda la Cordillera Cantábrica, mitad dragón y mitad sepiente; o la *Osa de Ándara*, una mujer muy peluda que se dedicaba al pastoreo que habitaba en el cercano Macizo de Ándara, que existió en realidad. El bosque, con preponderancia de robles, también cuenta con encina, tilos, acebos y castaños.

Entretenidos por este sinfín de personajes alcanzamos la atalaya que del Mirador de Santa Catalina, en la Pica de las Puertas. Las vistas del desfiladero y de los montes aledaños al río Deva son de ensueño.

En las proximidades del mirador se encuentran las ruinas de un antiguo castillo, al que se

conoce como Bolera de los Moros. Se trataba de una pequeña atalaya militar que controlaba todo el desfiladero.

La vuelta la podemos realizar por la misma senda o descender por la carretera con menos pendiente. Una vez terminada la excursión, podemos visitar los cercanos pueblos de Piñeres y Ciciera; en este útlimo hay un bar en el que podemos tomar un refrigerio.

Tipo de ruta: lineal. Distancia: 1 km (solo ida). Tiempo aprox: 1 h (o más si vamos con niños). Desnivel: + 210 m
Web: www.sendamitologicapenarrubia.es
Track: https://desni.in/p9uxg

5. MIRADOR DEL COLLADO DE LLESBA Y PICO CORISCAO

Ruta corta y con poco desnivel, que discurre por senderos cómodos. Magníficas vistas de las cumbres que rodean el circo de Fuente Dé en el Macizo Central y las cumbres del Oriental.

Acceso: Hay que aparcar en el Puerto de San Glorio, al que se llega desde Potes por la N621. Atención porque recientemente el Parque Nacional ha prohibido la circulación por la carretera que lleva al Collado de Llesba. GPS aparcamiento: 43.066861, -4.765194.

Descripción: comenzaremos a andar por la carretera bien indicada que lleva al Collado de Llesba y al Mirador del Oso. Remontamos por la

ARCHIVO GE

Gustal 1 947 m.) hasta que llegamos al Alto del Valadoso, justo debajo de la ladera oriental del Corriscao. Remontamos la mencionada ladera, que es la parte más pendiente de toda la ruta, hasta alcanzar el mojón geodésico del Pico Coriscao (Km 6,9; altura 2220).

La vista recompensa nuestro esfuerzo y se nos presentan magníficas vista del valle de Camaleño, los distintos macizos de los Picos y en primer plano las cumbres que rodean el circo de de Fuente Dé hacia el norte, de Peña Prieta y el Tres Provincias, al sur, de la Peña Sagra y, muy al este, el Tres Mares y Peña Labra.

El regreso es por el mismo camino. Podemos completar la jornada con la visita a los cercanos pueblos de Valcayo, Soberado, Bárago, Dobres y Cucayo, todos ellos muy recomendables, especialmente los dos últimos, declarados Conjunto Histórico por su interés urbanístico y etnográfico.

Tipo de ruta: lineal.
Distancia: 13,8 km (ida y vuelta).
Desnivel: + 611 m
Track: https://desni.in/fr6nk

6. CRUZ DE VIORNA

Aunque existen varias alternativas para subir a esta atalaya, proponemos aquí la más corta y con menor desnivel. Ofrece unas magníficas vistas del Macizo Oriental, así como de los valles de Camaleño y Potes.

Acceso: Desde Potes hay que ir a la aldea de Campollo y de aquí alcanzar en caserío de Maredes. Podemos aparcar en la pequeña plazuela que hay a la entrada de Maredes,

Descripción: en la misma plazuela veremos un cartel que indica los recorridos para ascender a la Cruz de Viorna, que son dos: unos parte por la pista que sale hacia el oeste y que, por el collado de Maredes, asciende primero al Alto de San

carretera que sale hacia el noreste faldeando la vertiente sureste de la Sierra Mediana hasta alcanzar el Collado de Llesba (Km 2). Aquí termina la carretera y comienza una pista, en el mismo término municipal de Val de Baró, que desciende por Parado Cubo, los Invernales de Cojorcos, la majada de Cojorcos, la Vega de Linares y el Rotón de la Madera a Cosgaya.

Después de hacer una rápida visita al Monumento del Oso que se encuentra escasos cien metros al este del collado, y justo debajo de los contrafuertes de la Peña de Llesba, cogemos un sendero que sale hacia el oeste y remonta todo el cordal cimero de la Sierra Mediana hasta alcanzar el Collado de la Guarda (Km 3,5). Continuamos por el sendero hacia el oeste bordeando por la vertiente sur las estribaciones de la Sierra Mediana (Peñas de Cascajal 2027 m y Peña

Desde las proximidades de la Cruz de Viorna (arriba), tendremos una amplia panorámica de todo Macizo Oriental. Arriba, disfrutando de las vistas del valle de Camaleño desde la cima del Coriscao; y debajo en el Mirador del Oso, por donde pasa la ruta a este pico, pasando por el collado de Llesba.

Martín y seguidamente a la Cruz de Viorna, todo ello por una pista. El otro se trata de un sendero que sale hacia el este, primero bordea una casa y pasa al lado de una fuente. El sendero sube a media ladera por un sotobosque de encinas hasta alcanzar la amplia crestería, la cual seguimos hasta alcanzar sin más problema la cima de la Cruz de Viorna (Km 1,65; altura 1088). La vista de las principales cumbres del Macizo Oriental o de Ándara es grandiosa, así como hacia Potes y Santo Toribio. La gran cruz de hormigón, que hace poco tiempo que ha sido restaurada, tiene sus antecedentes en una cruz de grandes postes de madera de la que hay constancia que ya estaba puesta a mediados del siglo XVIII.

En lugar de descender por el mismo camino, continuamos por la pista en dirección al oeste y nos desviamos pronto para alcanzar el Alto de San Martín (Km 2,3), desde donde de divisa el valle de Camaleño. Desde el punto culminante del Alto de San Martín desciende un camino que alcanza un poco más abajo la pista (por donde volvemos a Maredes (Km 4,1; altura 853), dando fin a este interesante bucle.

Para redondear la jornada podemos acercarnos al pueblo de Valmeo para contemplar algunas de las Cascadas de Retumbia.

La subida a la Cruz de Viorna también se puede realizar desde Potes, siendo un recorrido algo más largo y exigente, de unos 10 km y 778 m de desnivel.

Tipo de ruta: circular. Distancia: 4,1 km. Tiempo aprox: 2,30 h. Desnivel: + 235 m. Track: https://desni.in/yf9tb

PICOS DE EUROPA AL

EXCURSIONISMO...

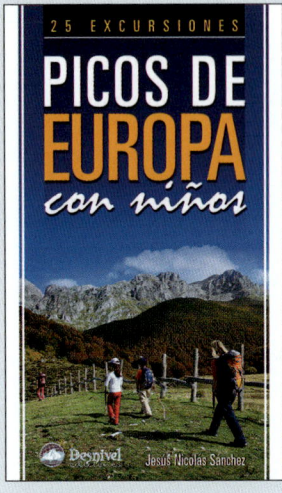

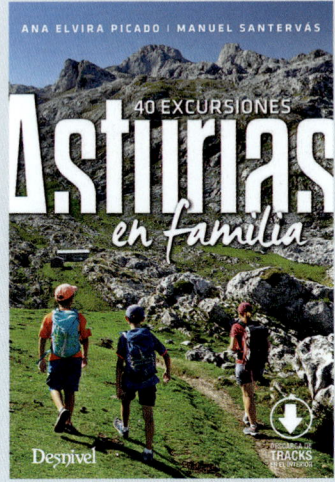

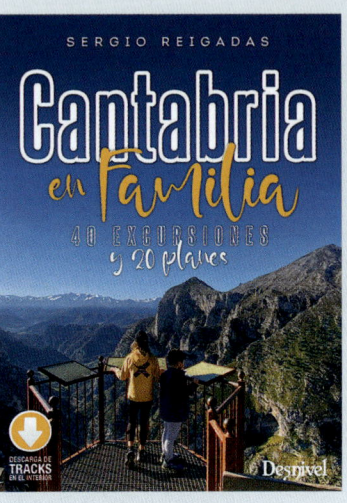

**PICOS DE EUROPA
CON NIÑOS**
Jesús Nicolás
11 x 19 cm • 216 págs. • 19,30 €

**ASTURIAS
EN FAMILIA**
*Ana Elvira Picado y
Manuel Santervás*
14 x 21 cm • 144 págs. • 19 €

**CANTABRIA
EN FAMILIA**
Sergio Reigadas
15 x 21 cm • 96 págs. • 17 €

CICLOTURISMO... TREKKING............

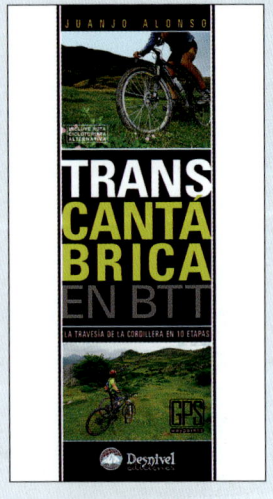

**TRANSCANTÁBRICA
EN BTT**
Juanjo Alonso
11,5 x 21 cm • 168 págs. • 17,50 €

**CAMINO DEL NORTE
EN BTT**
Juanjo Alonso
11,5 x 21,3 cm • 228 págs. • 19,50 €

**TREKKING DE FIN
DE SEMANA EN LOS
PICOS DE EUROPA**
VV.AA
11 X 19 cm • 240 págs. • 20 €

ALCANCE DE TODOS

MONTAÑISMO ....

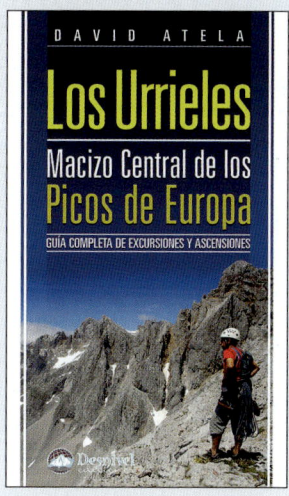

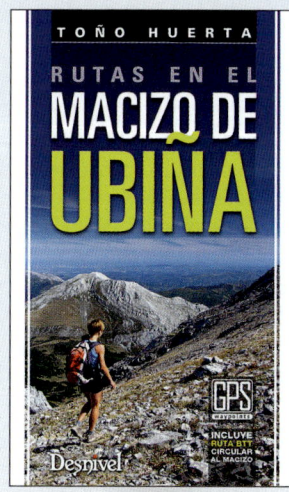

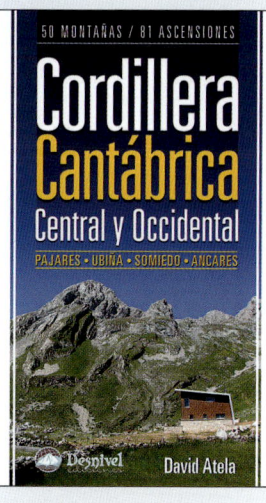

**LOS URRIELES.
MACIZO CENTRAL DE
LOS PICOS DE EUROPA**
David Atela
11 x 19 cm • 384 págs. • 18,50 €

**RUTAS
EN EL MACIZO
DE UBIÑA**
Toño Huerta
11 x 19 cm • 204 págs. • 18,50 €

**CORDILLERA
CANTÁBRICA CENTRAL
Y OCCIDENTAL**
David Atela
11 x 19 cm • 240 págs. • 18,50 €

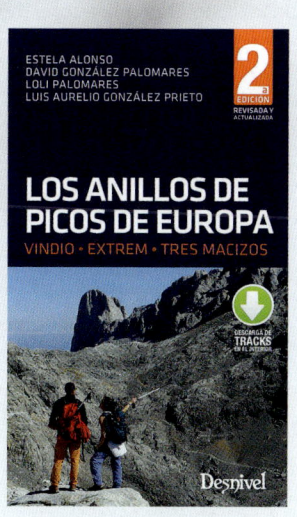

**LOS ANILLOS
DE PICOS EUROPA**
VV.AA
11 X 19 cm • 156 págs. • 17,50 €

Desnivel

CHAQUETA IMPERMEABLE WHISTLER PEAK™, DE **COLUMBIA**

Impermeabilidad garantizada

Lo que más destaca de esta chaqueta es su eficaz impermeabilidad y transpirabilidad. He podido probarla durante este invierno, en el que hemos tenido frecuentes días de lluvias, y he acabado siempre seco. Durante las jornadas que hice una actividad más intensa, durante las subidas me bajé las cremalleras que tiene en las axilas para facilitar la ventilación, logrando que al término del día el sudor no me hubiera empapado por dentro. Esto lo logran gracias a la tecnología OutDry™ Extrem que incorpora. Según explica la marca, es una tecnología de impermeabilización cuya principal innovación es que la membrana se adhiere directamente al material exterior de la prenda, eliminando cualquier espacio donde el agua pueda acumularse. Además, todas las costuras están termoselladas. Consiguen una prenda flexible y que se adapta muy bien al cuerpo, como he podido comprobar en los días de la prueba, que he realizado principalmente en excursiones por la sierra de Guadarrama.

Tiene también bastantes detalles que suman funcionalidad. Por ejemplo la capucha se puede ajustar cómodamente con un tirador trasero. La cremallera central lleva solapa protectora que sube hasta casi la nariz, protegiendo muy bien toda la zona del cuello. Además de las cremalleras bajo las axilas ya mencionadas, tiene también velcro para cerrar los puños y una goma elástica con tanca en los bajos, que permite llevarlo más suelto o cerrarlo para impedir que se escape el calor corporal. Tiene dos bolsillos laterales para las manos, bastante amplios y con rejilla interior. En la zona de los hombros y en la cintura, donde si llevamos mochila está más sometido al roce de las hombreras y el cinturón, tiene un refuerzo de tejido más grueso que aumenta su resistencia a la abrasión.

En definitiva, una chaqueta ligera y cómoda con la que puedes salir a disfrutar de las caminatas al aire libre sin temor a las tormentas.

Uso recomendado:
trekking, senderismo y otros deportes outdoor.
Composición:
Exterior: nailon 100% reciclado.
Sobrecapa: 100% poliuretano.
Tallas: S - XXL.
Colores: crema/gris, negro.
Precio recomendado: 300 €.

 www.columbiasportswear.es

Por **JESÚS VELASCO.** Apasionado de los deportes de montaña desde hace más de 20 años, que practica en todas sus facetas (trekking, escalada, esquí, alpinismo...) tanto de forma personal como ejerciendo de guía.